공간

디깅

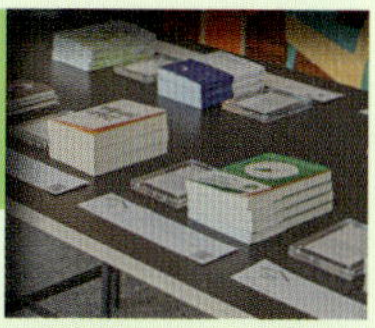

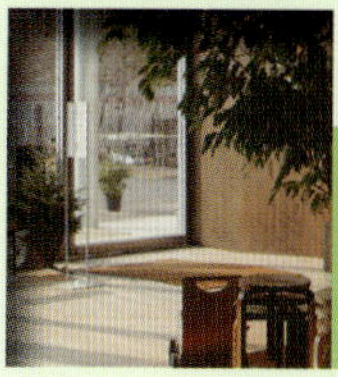

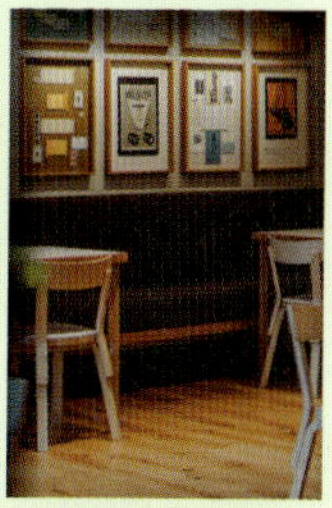

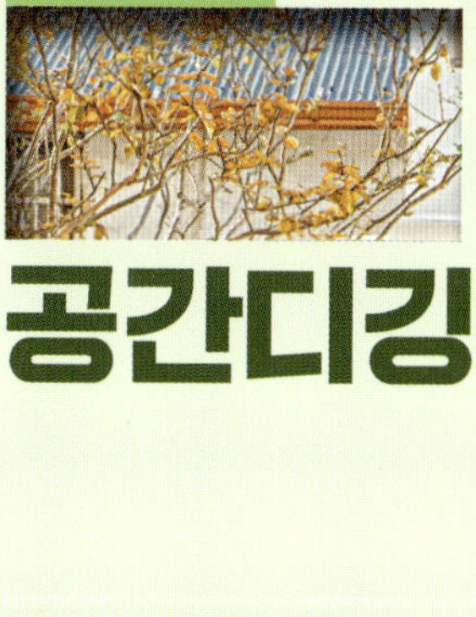

공간디깅: 더블랭크가 만난 공간들

theblank_(더블랭크) 편집팀 공저

공간디깅
더블랭크가 만난 공간들

초판 1쇄 발행 2023년 6월 28일

글	theblank_ 편집팀 :
	이효진, 이예빈, 송채이, 이진희
	theblank_ 객원 에디터 :
	김예람, 김지영, 서해인, 최은화
기획	theblank_ 편집팀
사진	theblank_ 편십팀
마케팅	theblank_ 편집팀
디자인	디자인 소요(이경란)
교정교열	김현창

ISBN 979-11-983364-0-8 (03320)
값 25,000원

펴낸 곳	스페이스뱅크
발행인	이원희
출판등록	2023년 5월 15일 제 379-2023-000066호
주소	경기도 성남시 수정구 달래내로 46 A동 301호
이메일	theblank@spacebank.co.kr
전화	070-4900-7955
팩스	031-704-6667

인스타그램 @letter.theblank_
홈페이지 https://lettertheblank.com/

이 책에 실린 모든 내용, 디자인, 이미지, 편집 구성의 저작권은 스페이스뱅크에 있습니다. 허락없이 복제하거나 다른 매체에 옮겨 실을 수 없습니다.

감도 높은
공간들에 대한
인사이트 모음집

theblank_(더블랭크) 편집팀 공저

space bank

SPACE
CONTENTS

01

들어가며   6

02

문화와 취미의 교차로,
영감의 공간

콩치노 콩크리트	10
펠른	28
종이잡지클럽	48
이스트씨네	64

03

개성과 감성이 넘치는,
쉼의 공간

맹그로브	80
웻에버&로텐바움	96
어 베터 플레이스	122

04

새로운 삶의 방식의 경험,
라이프스타일 공간

LCDC SEOUL	134
슈퍼스티치	156
호텔 더 일마	170

05

일과 휴식의 경계를 넘어,
새로운 업무 공간

집무실	188
파도살롱	206
코사이어티	220

06

마치며 238

들어가며

2022년 7월, 온라인 패션 플랫폼의 대표주자 무신사가 강남에 플래그십 스토어를 오픈했다. 휴대폰을 미러링하고 배경 색상도 직접 조절할 수 있는 24m에 달하는 디스플레이가 설치된 라이브 피팅룸이 특징이다. 틱톡, 릴스, 유튜브 등 콘텐츠 촬영도 가능하다. 그리고 무신사가 인수한 온라인 편집샵 플랫폼 29cm가 8월에 첫 오프라인 상설 매장을 선보인 데 이어 하반기 서울 성수동에 오프라인 매장을 추가 오픈할 예정이다. 글로벌 스포츠 브랜드 나이키도 서울 홍대에 '나이키 스타일 홍대'를 비슷한 시기에 오픈했다. '세계 최초'라는 타이틀을 달고 증강현실 등 첨단 기술을 활용한 체험형 공간을 선보였다.

코로나19로 인한 팬데믹이 예상보다 길어지면서 오프라인의 위기가 촉발되었다. 실제로 수많은 가게들이 버티지 못하고 무너졌고, 기업들은 온라인 세상으로 눈을 돌렸다. 미디어에서는 앞다투어 '메타버스의 시대'를 이야기하기 시작했지만 메타버스의 시대는 빠르게 끝이 난 듯싶다. 메타버스 사업에 투자했던 기업들이 사업을 축소하거나 중단한다는 뉴스가 연이어 보도되고 있다. 바이러스로부터 일상을 회복하기 시작하면서 오프라인은 다시금 활기를 되찾고 있다. 우리는 본능적으로 안다. 온라인 속 공간이 우주 끝까지 확장되어도 오프라인은 결코 죽지 않는다는 것을. 온라인의 어떤 경험도 오프라인의 '실제' 경험을 완벽하게 대체할 수 없다. 이것이 기업들이 암흑 같은 긴 시간 물밑에서 준비하고, 엔데믹과 함께 수면 위로 올라와 저마다 잔뜩 힘을 준 오프라인 공간을 선보이는 이유일 것이다.

이제 우리에게 공간은 도구에서 목적 그 자체가 되었다. 양질의 경험을 제공하는 공간이 많아지면서 오프라인 공간의 수준은 상향 평준화되었다. 게다가 소비의 주축이 되고 있는 MZ세대는 오감으로 느끼는 '경험'을 중요시하고, 경험 소비에 누구보다도 적극적이다. 이제는 어떤 경험을 어떻게 제공할 것인지 고민하고 실현해내는 공간이 살아남는다. 그렇다면 사람들의 '목적'이 되는 공간은 어떤 공간일까?

the blank_(더블랭크)는 2021년 9월부터 사람들의 '목적'이 되는 공간들을 찾아 격주 수요일마다 뉴스레터로 소개했다. 공간이 어떻게 기획되었는지, 어떤 콘텐츠를 담고 있는지, 어떠한 맥락에서 누구에게 사랑받는지 등 공간과 관련한 트렌드와 인사이트를 글과 사진, 인터뷰로 풀어냈다. 콩치노 콩크리트, 펠른 등 색다른 문화 취미를 향유할 수 있는 공간부터 로텐바움이나 어베터플레이스와 같이 완벽한 콘셉트의 개성 넘치는 스테이, 핫하고 힙한 브랜드들이 제시하는 라이프 스타일을 체험해 볼 수 있는 공간, 디지털 노마드를 위한 코워킹 스페이스까지 다양한 공간들을 다루었다.

더블랭크 뉴스레터에는 공간에 대한 객원 에디터의 목소리를 전하는 코너가 있다. 김예람, 김지영, 서해인, 최은화 등 총 네 명의 객원 에디터가 저마다 맡은 공간에 대한 보석 같은 인사이트를 전했다. 편집팀은 공간을 소개하면서 자연스럽게 객원 에디터의 원고를 일부 인용하고, 전문은 홈페이지에서 볼 수 있도록 따로 링크를 연결했다. 그런데 구독자수에 비해 '전문보기' 클릭률이 높지 않은 것이 늘 고민이었다. 더블랭크가 구독자 1,000명을 돌파했을 때 진행한 구독자 설문에서는 '뉴스레터 내용만으로도 충분해서 에디터 원고를 읽지 않는다.'라는 대답이 꽤 큰 비중을 차지했다. 아마도 뉴스레터라는 매체의 특성 때문에 심리적 저항이 있었으리라 생각한다. 이 책의 기획은 이처럼 좋은 원고들이 빛을 볼 수 있었으면 하는 마음에서 시작되었다.

이 책은 더블랭크에서 소개한 13개의 공간에 대한 객원 에디터의 원고와 편집팀의 사진, 공간 데이터 분석 자료와 인터뷰로 이루어져 있다. 보다 확장되고 풍부한 공간 경험을 위해 해당 공간을 소개한 뉴스레터로 연결되는 QR코드도 삽입했다. 이 책을 읽다가 조금 더 관심이 가고 마음이 끌리는 공간을 만난다면 꼭 해당 공간의 뉴스레터도 함께 읽어 보는 것을 추천한다. 시간은 없고 세상은 넓고 지도에 찍힌 별은 너무 많아 조바심이 나는 요즘, 이 책이 여러분의 '고민하는 시간'을 줄이는 데에 도움이 되기를 바란다.

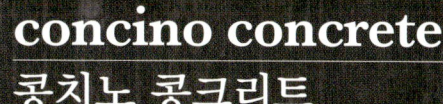

concino concrete
콩치노 콩크리트

A 경기 파주시 탄현면 새오리로161번길 17 2F
T 031-946-5800
I @concino_concrete

STORY >

압도적 경험을 선사하는 유일무이 음악감상실

> By. 서해인 객원 에디터

우리는 가벼우면서도 휴대성이 좋으며 손가락 마디만 한 무선 이어폰으로 지상과 지하, 심지어 상공에서까지 음악과 동행한다. 그리고 이따금 방 한 켠에 놓인 블루투스 스피커를 더 좋은 사양을 가진 제품으로 바꿀지 고민하다가 마음을 접곤 한다. 실내외를 가리지 않고 모든 곳에서 함께하는 음악은 우리 모두의 일상이며, 최소한의 비용으로 접근 가능한 유희다. 2021년 5월 파주에 개관한 '콩치노 콩크리트'는 클래식, 재즈, 팝, 성악 등 여러 가지 음악을 1920-30년대의 오디오 시스템으로 듣는 공간이다. 공간의 카테고리는 '콘서트홀'에 속해 있지만, 공연보다는 LP 명반을 감상하는 '음악감상실'의 정체성을 더 공고히 하고 있다. 이곳은 음악을 현장감 있게 감상하는 것을 목적으로 한다. 로고마저 미국 극장용 오디오 시스템 '웨스턴 일렉트릭'의 26A혼 스피커를 본떠 만들었다. 홀에 들어서자마자 격자무늬에 사각 모서리가 둥글게 마무리된 이 로고의 실물 원형을 정면으로 마주하게 된다.

더 나은 음향을 추구하는 이어맥스(ear-max) 콘서트홀

콩치노 콩크리트에서 음악을 듣는 일은 마치 영화관의 '아이맥스' 상영관에서의 영화 감상을 연상시킨다. 아이맥스 상영관은 일반 스크린 대비 10도 정도 시야각이 넓고 굴곡이 있는 아이맥스 스크린을 통해 극장 내 어느 좌석에 앉더라도 동적인 세계가 눈앞에 쏟아진다. 마찬가지로 이곳에서는 세 개 층의 어디에 있더라도 압도적인 음향을 느낄 수 있다. 일찍이 아이맥스(eye-max)를 경험한 인류가 '이어맥스(ear-max)' 상영관에 들어선 듯한 기시감을 느끼는 것이다. 그런데 이곳에 있는 대형 스피커들은 1920~30년대 미국과 독일에서 만들어진 극장용 오디오 시스템들('웨스턴 일렉트릭', '클랑필름')이다. 역사의 흐름상 세계 어딘가에서는 더 나은 스크린보다 더 나은 음향을 가능하게 하는 공간을 우선했던 것인지도 모른다.

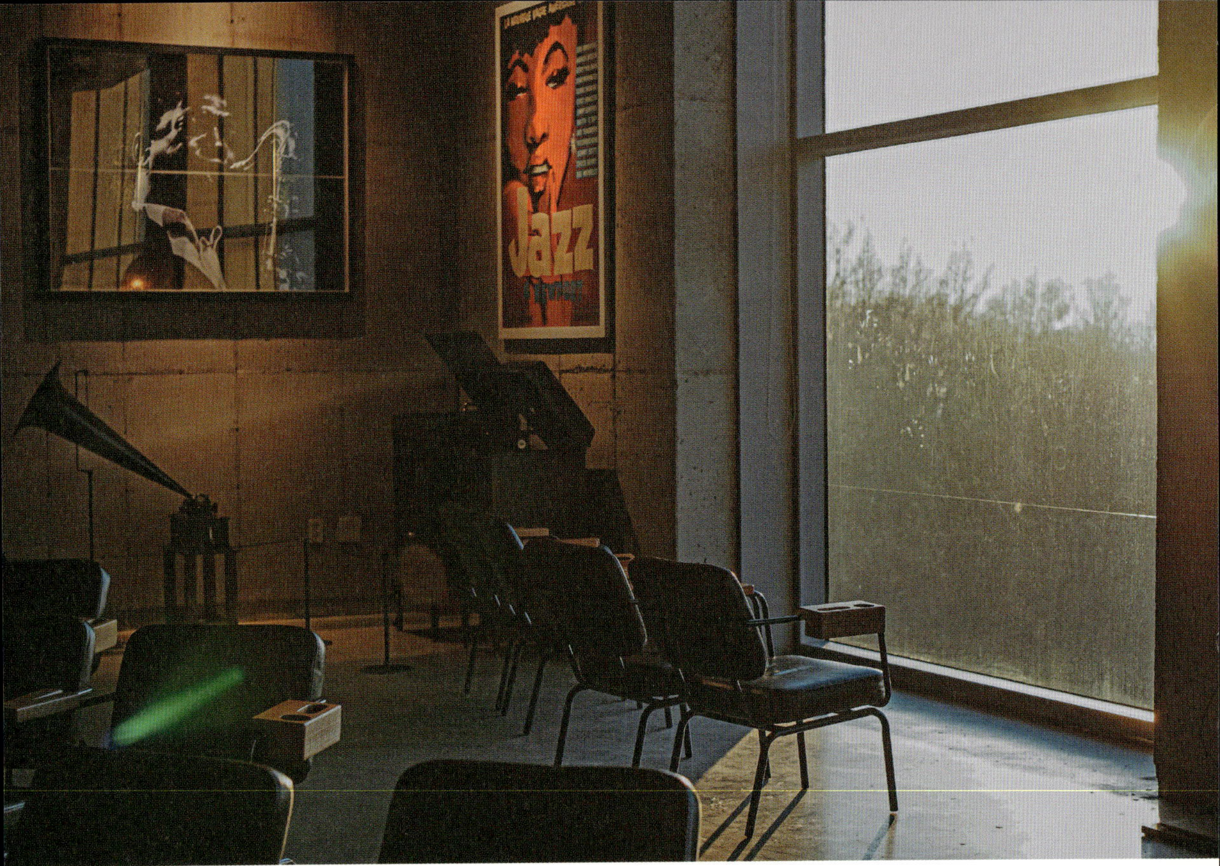
Jazz

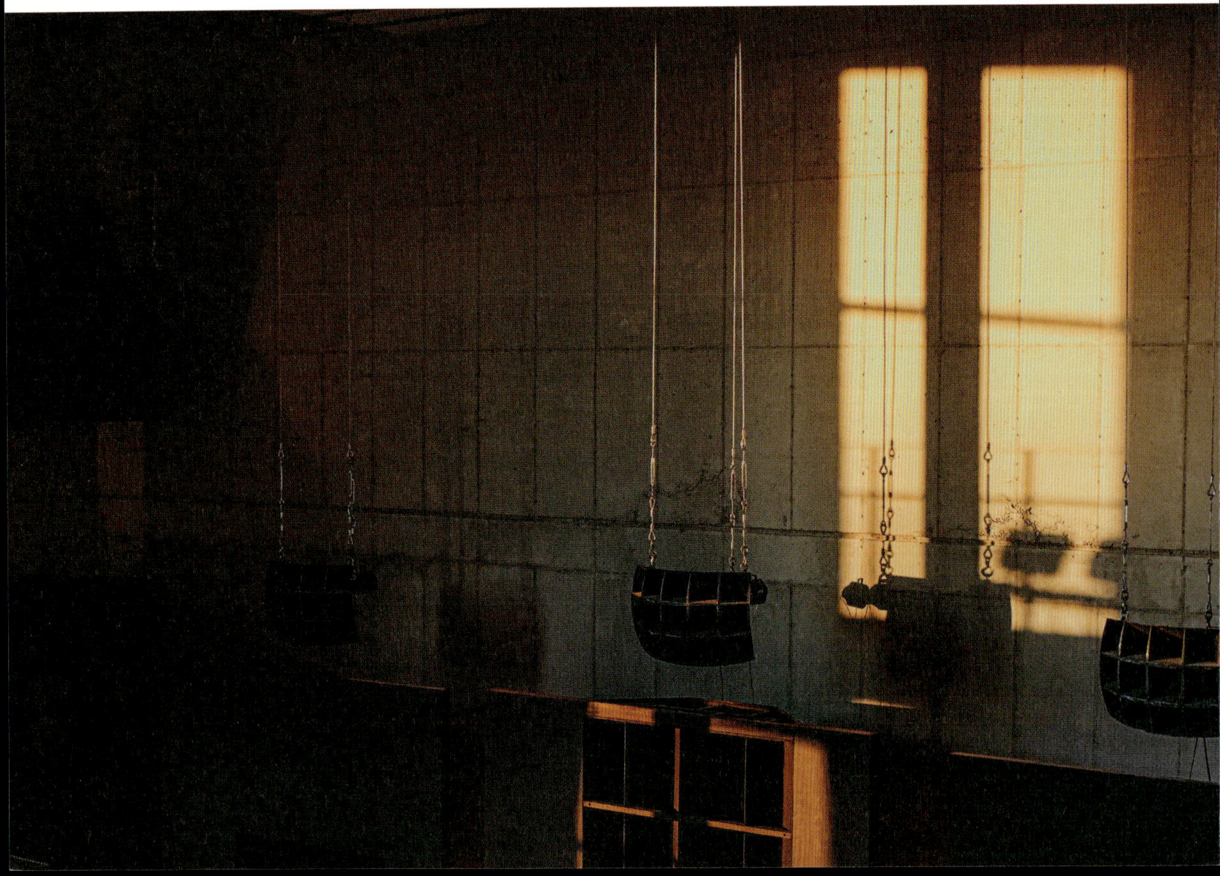

손쉽게 어디서나 음악을 들을 수 있는 요즘, 더 나은 음향은 음악 감상을 위한 수많은 선택지 중 하나처럼 느껴진다. 이쯤에서 이름을 풀이해보면, 콘크리트 앞에 '합창하다, 연주하다, 울려 퍼지다'라는 라틴어 '콩치노(concino)'가 붙어 있다. 콘크리트가 그릇이라면 콩치노는 그 그릇 안에 담길 내용을 보여준다. 이곳에는 첨단 기술 대신 보증된 역사 속의 기술이 그대로 복원되어 있다. 그러므로 이곳에서 음악을 감상하는 일은 봉인되어 있던 100년 정도의 시간을 체감하는 것이기도 하다. 곡이 만들어지고 실연되었던 시기에 따라 고유한 음향은 다를 수밖에 없지만, 현장감은 그때 그곳에 있지 않았더라도 전해져야 한다. 콘크리트의 벽면, 9m가 넘는 층고는 그곳에 머무르는 사람들에게 음악의 질감을 온전히 전달하는 역할을 한다. 대형 스피커들은 단지 놓여있는 자리에서 예쁜 인테리어 소품으로 쓰이는 것을 넘어 그때 그 시절 음악의 현장감을 재현해낸다. 여전히 더 나은 음향은 필수 선택지가 아니지만 이곳에서의 청취 경험은 우리를 이전과는 다른 감상자로 만든다.

바깥을 바라보며 내부에 집중한다는 것

미국 샌디에이고에서 열렸던 '박수를 권하다'*(2015) 프로젝트가 떠올랐다. 주최측은 샌디에이고 카브리요 국립 기념지의 바다가 내려다보이는 절벽 위 한 공간에 접이식 의자를 놓고 관객들을 맞이했다. 사진 촬영이 불가하다는 설명과 함께 좌석을 안내받은 관객들은 노을이 지기 45분 전부터 자리에 앉아 석양을 감상했다. 그리고 해가 지고 나면 다 같이 박수갈채를 보냈다. 현대인이 아무것도 하지 않고 눈앞에 놓인 대상을 있는 그대로 받아들이게 하려는 목적으로 진행된 프로젝트였다.

콩치노 콘크리트의 3개 층에는 오디오 시스템이 설치되어 있으며, 전방을 바라보는 좌석과 바깥을 향한 좌석이 배치되어 있다. 각 좌석에는 스마트폰을 올려놓기 위한 홈이 있다. 임진강이 보이는 방향으로 커다랗게 통창이 난 쪽은 좌석 점유 경쟁이 치열하다. 3면이 숲과 강으로 에워싸여 있는 이곳에서 방문객들은 바깥을 바라보면서도 내부에서 벌어지는 일에 주의를 기울이게 된다. 전해지는 소리와 눈앞에 버티고 서서 중압감마저 자아내는 거대한 크기의 물체를 통해 100년에 가까운 시간의 흐름을 감지하는 와중에도 고립된 곳에서 일상과 분리된 체험을 했다는 생각이 들지 않는 이유가 여기에 있다. 음악이 진행되면서, 또 선곡이 달라지면서 동시에 함께 변하는 외부의 정경을 눈에 담을 수 있기 때문이다. 반드시 스피커와 LP 턴테이블 쪽을 바라보지 않더라도, 심지어 그것들을 등지고 있더라도, 방문객들은 공간의 의도를 충분히 이해할 수 있다. 이곳은 역설적인 힘을 가진 음악감상실이다.

* [http://art.scottpolach.com/ApplauseEncouraged](http://art.scottpolach.com/Applause-Encouraged)

INTERVIEW >

콩치노 콩크리트 운영 총괄 오수하 매니저 × the blank

> By. 이효진 에디터

Editor's comment

임진강 너머로 북한이 바라다보이는 파주의 외곽, 압도적인 위용을 뽐내는 콘크리트 건물이 우뚝 서 있다. 홀에서 울려 퍼지는 아름다운 음악이 주차장에 들어서기도 전부터 짜릿한 전율과 함께 귓가로 흘러 들어온다. 지난 5월, 1930년대 오리지널 극장용 오디오 시스템이 청각을 넘어 오감을 자극하는 음악감상실, '콩치노 콩크리트'가 문을 열었다. 오롯이 개인적인 취미의 결정체라고는 믿을 수 없을 정도의 스케일과 완성도가 흡사 오디오 박물관을 방불케 하는 공간, 오정수 대표와 함께 공간 운영 전반을 총괄하고 있는 오수하 매니저와 공간에 관한 이야기를 나눴다.

오랜 시간 오디오를 수집하신 끝에 지난 5월 콩치노 콩크리트를 개관하셨어요. 둘러보니 거의 오디오 박물관 같다는 생각도 들어요. 귀한 소장품들을 아껴 두는 대신 대중에게 개방하고 콩치노 콩크리트라는 공간을 만들게 되신 계기가 있나요? 왜 '지금', 그러니까 시기적으로 오프라인 공간 운영에 대한 부담이 클 수밖에 없는 때임에도 콩치노 콩크리트를 개관하신 건지 궁금해요.
아무래도 개인 공간에는 담기 어려운 스케일이기도 하고, 대표님이 이왕이면 좋은 소리를 같이 나누면 좋겠다고, 좋은 공간에서 더 많은 사람과 함께 들어야 한다고 하시더라고요. 아주 오래전에 대표님이 '앞으로는 물이 흐르고, 뒤로는 산이 펼쳐진 곳, 음악감상실'이라고 적어 두셨던 기록을 본 적이 있어요. 거의 30년에 걸친 대표님의 숙원사업이었기 때문에 지금 이 시점을 선택했다기보다는 마침내, 이제서야 드디어 꿈을 이루게 된 거라고 말씀드리고 싶어요. 이 자리 부지를 사둔 것도 벌써 8~9년 전이었어요. 처음 시작은 취미였지만 결국 인생을 걸고 모든 걸 여기에 쏟아부으셨어요. 잠도 거의 못 주무시고 2~3년을 오롯이 여기에만 매달리신 끝에 30년간 수집하셨던 부품들이 마침내 제 모습을 되찾고, 콩치노 콩크리트가 탄생하게 됐네요.

요즘은 복합문화공간도 많고, 여러 공간이 F&B와 문화예술을 결합해서 카테고리를 넓히고 있는데 '음악감상실'이라는 카테고리로 한정해 공간을 구축하신 것이 독특하게 느껴졌어요.
요즘 카페나 식당 같은 오프라인 공간은 많지만, 사실 진짜 마음의 양식을 쌓을 수 있는 공간은 많지 않잖아요. 음악을 좋아하고 사랑하는 사람들이 언제든 편하게 음악을 들을 수 있는, 음악에 몰입하는 경험, 온몸으로 음악의 깊이를 느끼는 경험을 제공할 수 있는 공간이 되었으면 좋겠다는 의도로 만들었어요. 대신 연주자도 없고 시선 둘 곳이 마땅치 않은 상황에서 긴 시간 음악을 듣는 것이 힘든 분들도 계실

것 같아서 통창으로 전망을 살리려고 많이 노력했어요. 탁 트인 임진강을 바라보며 음악을 들어 보시면 그냥 음악을 듣는 것보다 훨씬 좋으실 거예요. 그리고 음악 감상만을 목적으로 하기에 취식도, 노트북도 금지하고 있어요. 공연장에 가면 관람하는 동안 뭘 먹거나 다른 일을 하지 않으니까요.

빈티지 오디오들이 실제로 활용되던 당대에 사람들이 음악을 듣던 환경으로 만들어보고 싶었어요. 온전하게 음악에 집중하고, 음악을 존중하는. 그러려면 상업적인 부분은 많이 포기해야 했지만요. 어떻게 보면 사명감으로 만든 공간이에요. 우리나라에 없던 새로운 공간을 만들어보겠다는 시도로 봐주시면 좋을 것 같아요.

그 시절(1920~30년대)의 청중과 지금 청중의 가장 큰 차이점이 뭐라고 생각하세요?

그 시절 사람들은 이 빈티지 오디오들을 훨씬 더 대단하게 생각했을 것 같아요. 그 시절에는 음향산업이 요즘 4차 산업처럼 국가에서 지원하는 업종이었어요. 특히 웨스턴 일렉트릭은 반독점법으로 제재를 받을 만큼 큰 회사였고요. 무성영화에서 유성영화로 넘어가던 시절, 오디오 기술은 엄청나게 혁신적인 신문물이었겠죠? 요즘은 사실 기술이 너무 많이 발달해서 오디오 기기 자체가 신기할 것이 별로 없잖아요. 아무래도 오디오 자체에 관한 관심이 훨씬 떨어질 수밖에 없죠. 어떻게 보면 그렇기 때문에 더 역설적으로 방문하시는 분들이 이 빈티지 오디오를 통해 음악을 들어 보시고 더 많이 놀라시는 것 같아요.

'뭐 달라야 얼마나 다르겠어?' 했다가 신세계를 만나는 특별한 경험을 하시는 거죠. (웃음)

단순한 음악감상실을 넘어서, 방문객들의 빈티지 오디오 청음 경험을 주도하고 계신 것으로도 볼 수 있는데요. 이 경험의 설계에 있어서 가장 중요하게 생각하시는 지점은 무엇인가요?
가장 중요하게 생각하고 신경을 많이 쓰는 것은 물론 음향이에요. 기기들의 잠재력을 최대한 발휘할 수 있도록 관리하는 데에 시간과 노력을 많이 써요. 빈티지다 보니 다루기가 쉽지 않은 부분도 있고, 워낙 오래된 장비들이어서 이 기기들을 잘 다루실 수 있는 기술자 분들도 많지 않아요. 설명서 같은 것도 없고. 예를 들어 클랑필름 같은 경우는 독일어로 된 설계도가 전부죠. 그럼 번역부터 시작해야 하는 거예요.

아무래도 소리가 온도, 습도 같은 날씨나 계절 변화에 따른 방문객분들의 옷차림 변화, 공간의 인구 밀도 같은 것들에 굉장히 민감하게 영향을 받기 때문에 이런 것들을 컨트롤하기가 쉽지 않아요. 또 어떤 LP를 트는지에 따라서 볼륨도 조정해야 하고요. 세팅해 놓으면 한 치의 오차 없이 음악이 나오는 요즘 디지털 기기들과는 다르게 손이 많이 가죠. 너무 오래된 기기들이기도 하고, 부품 단위로 수집해오다가 이제서야 조립을 마쳐서 본연의 소리라고 할 만한 기준이 없어서 지금도 계속 손보면서 소리를 발전시키고 있어요. 점점 더 좋아지고 있답니다.

처음부터 오디오가 설치될 것을 염두에 두고, 음향적으로 좋은 방향이 무엇일지 많은 고민 끝에 설계부터 시작하셨다는 인터뷰를 봤어요.

국립현대미술관을 설계하신 건축가 민현준 님이 콩치노 콩크리트도 맡아 주셨는데, 최대한 소리가 뚫려 있을 수 있고 어느 위치에서나 최대한 균일하게 잘 들릴 수 있게 음의 통로를 많이 만들어 두셨어요. 메인 홀인 2층, 3층은 하나의 악기로 음악이 울려 퍼지기에 적절한 비례로 설계하셨다고 해요. 3층과 4층은 공간을 연결해서 소리의 길을 만들고요. 블로그에 콩치노 콩크리트 건축기를 적어 두셨는데, 방문하시기 전에 한 번 읽어 보시면 더 풍부하게 즐기실 수 있을 것 같아요.

대지 동남 측은 임야와 숲이 둘러싸고 서북 측은 임진강 방향으로 열려 있다. 전나무 중심의 숲 풍경도 오감을 자극하지만, 임진강 넘어 멀리 송악산까지 보이는 북한의 풍경을 배경으로

임진강의 밀물과 썰물의 변화가 낙조와 어우러질 때는 우리나라 풍광으로 익숙하지 않은 근사한 풍광을 연출한다.
더욱이 그 풍광의 본질이 가볼 수 없는 북녘과 건널 수 없는 강이다. 풍광의 감동은 이내 곧 분단의 역사와 분리될 수 없음을 깨닫게 되고 이러한 이유로 풍광은 곧 적막이 되고 슬프고 처연한 소리 없는 아우성처럼 보인다. 이곳에 음악을 위한 공간을 계획한다.

대지는 높이에 따라 극적인 풍광을 연출한다. 1층은 6미터의 층고로 외부 공연이 가능한 주차장을 만들고 2층에 주 공연장 그리고 3층에는 발코니석 같은 관람장 그리고 4층에는 마당과 주거를 계획하였다. 2층과 3층의 연주 공간은 하나의 악기로 음악이 울려 퍼지기 적절한 비례의 공간 (높이, 폭)으로 계획하고 3층과 4층으로 올라가면서 공간을 연결하여 소리의 길을 만들고 조망을 끌어들였다. 조망은 위로 올라갈수록 극적이 된다. 이곳 연주 홀은 생음악도 가능하지만, 기본적으로 우수한 오디오만으로 운영될 경우 어색하지 않도록 적절하게 중심과 분산을 조합해야 했다. 시선을 집중해야 하는 연주 홀이나 종교 공간의 그 자리에 스피커만 있는 모습이 다소 어색하게 느껴졌기 때문이다. 대칭인 듯 비대칭의 공간은 이러한 이유로 만들어졌다. 붉은 철제 기둥은 나중에 들어설 스피커와 건축의 대비를 중화시키기 위해 강조했다.

스피커와 삼각지점에 위치는 음악에만 집중하는 자리라면 서측 창가 자리는 임진강과 북한의 원경과 함께하고 동측 창가는 근처 숲의 근경과 함께한다. 이곳에는 다양한 관심사를 가진 사람들을 위한 다양한 포맷의 관람석이 있다. 이 모두가 하나에 집중하는가 하면 각기 다른 관심사로 산만해도 청각은 공유할 것이다.

아침에는 동측에 근접한 나무 사이로 햇살이 들어오고 낮에는 남측에서 들어온 빛이 계단 공간 속에 머물며 다소 어두운 주 공연홀과 대비될

것이다. 오후 늦게는 서측으로 빛이 넘어가며
노을과 함께 극적인 임진강 경관으로 마무리할
것이다. 이렇게 시간대별로 다른 공간에 빛을
만들기 위하여 동측과 남측에는 한 켜의 공간을
더 두었다. 이 공간들은 마치 성당에서 네이브를
둘러싼 아일처럼 외부의 빛을 조절하고 내부의
동선과 관람 공간을 풍성하게 만들어줄 것이다.
수직적 이동과 수평적 이동의 모든 공간은 하나로
연결된 산책로 prominade이다.
조망은 오르면서 클라이맥스로 진행하고 음악은 큰
공간에서 작은 공간으로 일련의 시퀀스를 가지고
열림과 닫힘을 반복한다. 올라갈수록 조망과 음악이
결합한 새로운 공간들을 발굴하게 된다.
이곳은 시각과 청각이 만나는 곳이다. 촉각에
해당하는 건축은 무엇을 만들어야 할 것인가. 주
내부 공간은 콘크리트 구조를 노출하고 파주, 분단,
군부대, 전나무 숲 등의 주변 환경이 도심에서는
자주 사용하지 않는 시멘트 블록의 물성이 외부
마감으로 적절하다고 판단했다. 마치 오래된
군부대나 창고 같은 분위기를 재현하고자 했다.
잘 만들어진 값싼 재료인 시멘트 블록을 찾고
고급스럽게 정성껏 쌓았다. 통줄눈에 같은 무게가
분배되도록 입면을 계획하고 조망의 틈을 만들었다.
조망의 시각은 음악의 청각과 조율한다. 원대한
조망이 있지만 절제하여 수직적으로 분할하고
건물 구조를 세웠다. 음악이 들어갈 틈을 만들어
준 것이다. 공연에 집중할 때 전망은 닫힐 것이다.
커튼이 열리고 임진강과 북녘의 풍광이 들어올 때
공연은 끝났을 것이다.
4층 주거공간은 전망의 방향으로 수평으로
열어주었다. 마지막 결말에 해당하는 적막의
공간이다. 4층의 마당은 주차마당과 공연장에 이어
세 번째 연주를 위한 공간이다. 아웃도어 공연장은
북한과 임진강에까지 열려 있다. 임진강에 다리가
놓이고 이곳의 음악이 북한에까지 울려 퍼지는
그날을 손가락 꺾어 기다린다.

출처: ⓒMPART 민현준 건축가 블로그

**콩치노 콩크리트를 통해서 어떤 음악들이, 어떤
소리가 전해지기를 바라시나요? 어떤 기준으로
선곡하시는지도 궁금해요.**

역사를 고스란히 간직한 이 빈티지 오디오들의 가치가
전해지기를 바라요. 그 역사와 영혼이 소리로도
느껴지거든요. 음악적으로는, 아무래도 클래식이나
재즈가 아직 대중적인 음악은 아니잖아요? 미국
같은 경우는 재즈바도 흔하고 대중적으로도 인기가
있는데 말이에요. 저희 공간에 방문하신 분들에게 이런
장르에 대한 호기심과 애정이 많이 생기고, 진입장벽이
낮아지면 좋겠어요. 더불어 빈티지 오디오에 관한
관심도 많아지면 더 좋고요! 이 기기들을 잘 아는
숙련된 기술자분들이 많지 않고, 젊은 분들은 사실
거의 없는데 콩치노 콩크리트를 통해서 빈티지 오디오
씬을 향한 관심이 높아지면 이런 소중한 기술들이
유실되지 않고 젊은 세대들에게 전수되고, 풀이 넓어질

수 있을 것 같다는 생각도 들고요.
선곡의 경우에는 저와 대표님이 번갈아 가며 직접 하고 있어요. 주로 클래식이나 재즈이기는 하지만, 올드팝이나 아델 같은 요즘 아티스트 앨범들을 종종 틀기도 해요. 좀 더 폭넓은 경험을 하실 수 있도록 가능한 다양한 장르의 음악을 틀려고 해요. 중간중간 아마도 익숙하지 않으실, 훌륭한 곡들도 틀기는 하지만 가급적 인지도가 높은 유명한 곡 위주로 틀고 있어요. 아무래도 너무 낯선 곡들은 오래 듣기에는 어려워 하셔서 유명한 곡들과 그렇지 않은 곡들의 밸런스를 유지하려고 하죠. 저희를 통해서 좀 더 깊고 넓은 음악의 세계로 들어오시기를 바라고 있어요.

이미 많은 관심과 사랑을 받고 있는 콩치노 콩크리트, 앞으로 어떤 방향으로 나아가실 계획이세요?
오디오를 깊은 취미로 가지고 계신 분들은 여러 가지 이유로 연령대가 좀 높은 편이에요. 그래서 솔직히

처음엔 젊은 분들은 관심이 많지 않으실 줄 알았어요. 그런데 개관하고 보니 젊은 분들이 생각보다 더 많이 찾아 주시고 사랑해 주셔서 신기해요. 이런 식으로 경험을 확장하고, 지식을 쌓는 것에 적극적이신 것 같아요. 저희로서는 다행인 부분이죠.
아직 개관 초기라 자리가 좀 잡히고 시스템 같은 것들도 더 정비가 되고 나면 적극적으로 공간을 알리고 브랜드로서 확장할 수 있을 것 같아요. 오래 준비해서 잘 만들었으니 더 단단히 다져 나가는 게 중요하겠죠. 더 많은 분께 다가가고, 아티스트와의 협업이나 소규모 공연처럼 다양한 방면에서 공간이 기여할 수 있었으면 좋겠어요.

마지막으로 콩치노 콩크리트를 120%로 즐길 수 있는 팁이 있다면?
일몰 무렵에 오시면 창문 바로 앞 임진강 쪽으로 저무는 노을을 바라보며 음악을 들으실 수 있어요. 정말

아름다워요. 또 아무래도 저녁 무렵이 더 감성적일 시간이잖아요? (웃음) 그리고 클래식이나 재즈가 쉬운 음악이 아니고, 특히 클래식은 한 곡당 길이가 긴 편이어서 오래 들으면 에너지 소모도 크고 집중력도 흐트러질 수 있어요. 책을 한 권 가져오셔서, 좋아하는 곡이나 구간이 나오는 대목에서는 집중해서 음악을 들으시고 그 부분이 지나가고 나서는 책에 몰입하고 음악을 배경으로 흘러가게 두시면 좋을 것 같아요. 또 한 가지는 클래식이나 재즈를 기초적인 부분이라도 예습을 하고 오시면 아는 만큼 들리고, 더 좋게 느껴지실 거예요. 저희가 가지고 있는 오디오 기기들에 대한 내용도 마찬가지고요. 오디오 같은 경우는 궁금하신 분들을 위해서 카운터에 간단한 설명 자료를 마련해 뒀으니, 오셔서 말씀하시면 받아 보실 수 있답니다.

클래식, 재즈 입문자들을 위한 오수하 매니저의 추천곡!

| 재즈 |

Miles Davis – Kind of Blue
Grant green – Idle Moments
Nina Simone – Don't Let Me Be Misunderstood

| 클래식 |

Tchaikovsky
– 교향곡 제6번 b단조 [비창] Op.74
– 피아노 협주곡 제1번 bb단조 Op.23
– 백조의 호수 Op.20

Chopin
– 피아노 협주곡 제1번 e단조 Op.11
– 피아노 협주곡 제2번 f단조 Op.21
– 피아노 소나타 제3번 b단조 Op.58

Ida haendel
– Famous Violin Concertos

DATA >

콩치노 콩크리트
데이터로 보는 공간

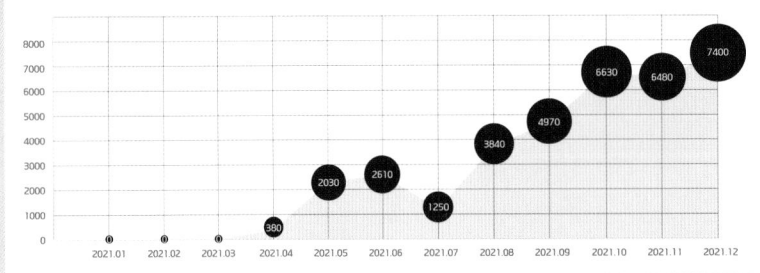

'콩치노 콩크리트' 월별 검색량 그래프

분석 기간
2021.1~2021.12

분석 소스
Blog, News, Facebook, Instagram, Twitter

콩치노 콩크리트는 코로나19 영향으로 오프라인 공간의 위기가 계속되던 2021년 5월에 개관했다. 그래서인지 개관 당시부터 7월까지의 검색량은 상대적으로 저조했다. 그러나 8월부터 성장세를 보였는데, 그 이유는 무엇일까? 아마 지난 8월 20만 인스타그램 팔로워를 보유한 '데이트립'에서 콩치노 콩크리트를 소개하는 콘텐츠를 발행했기 때문일 것이다. 더불어 7월 말 에스콰이어에서 콩치노 콩크리트 오정수 대표와 인터뷰를 진행하면서 온라인에서 주목을 받아 점점 상승세를 타기 시작했다.

데이트립(https://www.instagram.com/p/CTL0pAZpcVk/)
에스콰이어 인터뷰(https://www.esquirekorea.co.kr/article/57217)

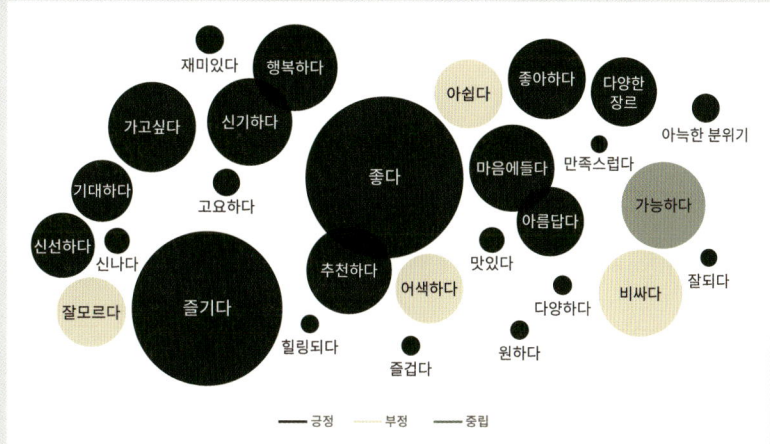

분석 기간
2021.1~2022.1

분석 소스
Blog, News,
Instagram, Twitter

콩치노 콩크리트를 방문한 이용자들의 반응은 어떨까? 콩치노 콩크리트를 방문한 후기에 들어간 감성 단어를 분석해보았다. '공간이 기대 이상으로 좋았다.', '귀와 눈으로 음악과 풍경을 즐길 수 있다.' 등 긍정적인 반응들이 대부분의 감성단어를 차지하고 있었다. 그 외에 '새로운 공간이라 어색했다.', '오디오에 대해 잘 모르지만 귀 호강할 수 있었다.', '입장료가 비싸다고 느껴질 수 있지만 다양한 노래를 온전히 집중해서 들을 수 있다.'는 다양한 의견이 있었다.

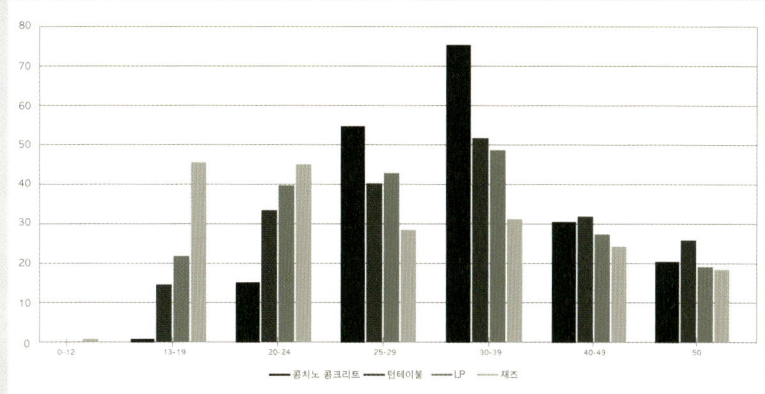

분석 기간
2021.12~2022.1

분석 소스
Blog, News,
Instagram, Twitter

레트로가 트렌드로 자리 잡으며 함께 주목받기 시작한 턴테이블과 LP는 MZ세대의 새로운 취미생활 혹은 하나의 인테리어 소품으로 자리 잡고 있다. 인스타그램에서는 감각적인 턴테이블과 방 사진을 올리는 게시물이 1만 건 가깝게 업로드되었다. 온라인 쇼핑몰 G마켓은 작년 상반기 턴테이블 매출이 지난해 동기보다 30% 증가했다고 밝히기도 했다. 그래프를 보면 LP와 재즈가 특히 20대 사이에서 높은 관심을 끌고 있는 것을 볼 수 있다. 어쩌면 재즈, 턴테이블, LP를 모두 가진 콩치노 콩크리트를 향한 MZ세대의 각별한 관심은 당연한 것일지도 모른다.

the_blank_뉴스레터
'커피도 페어링이 되나요? / 네, ○○○에서는'편 바로 보기

Perlen
펠른

A 서울 마포구 성미산로22길 18 A동 1F
T 02-332-9287
I @perlen_official
R 페어링 코스 이용 시 네이버에서 예약 가능

STORY >

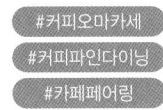
#커피오마카세
#커피파인다이닝
#카페페어링

전문적인 커피 문화를 주도하는 커피 파인다이닝

> By. 최은화 객원 에디터

커피, 일상에서 다시 미식의 세계로

우리는 다음 만남을 기약할 때 "커피 한 잔 마시자."라고 이야기한다. 그만큼 커피는 우리나라 사람들에게 범용적인 음료로 자리 잡았다. 현대경제연구원의 통계에 따르면 우리나라 성인의 연간 평균 커피 소비량은 353잔으로 집계된다. 하루에 약 한 잔의 커피를 마시는 셈이다. 매일 한 잔씩 소비된다는 것은 커피가 하나의 식문화로 자리 잡았음을 의미하지만, 한편으로 커피의 역할이 이전과는 달라졌다는 의미이기도 하다. 오늘 내가 커피를 어떻게 마셨는지 떠올려보자. 게임 캐릭터가 체력을 보충하기 위해 포션을 섭취하듯 들이켰는가, 향과 맛을 오롯이 감각하며 즐겼는가? 일상 속에서 환기가 필요할 때, 누군가를 만나야 할 때, 커피는 그 무엇보다도 접근하기 쉬운 대상이 된다. 이러한 익숙함 탓에 오히려 커피 그 자체가 목적이 되는 경우가 오히려 드물고 귀해진 요즘이다. 커피가 다시금 미식의 대상이 될 수 있을까?

사람들로 붐비는 경의선 숲길을 지나 한적한 골목에 다다르면 노출콘크리트 건물 1층에 펠른의 작은 간판이 드러난다. 도로에 면한 출입문을 열고 계단을 따라 반 층가량 내려가면 오픈 바 형태의 공간이 한눈에 펼쳐진다. 일반적으로 카페 하면 떠오르는, 여러 개의 테이블이 공간 군데군데에 점처럼 흩어져 있는 구성과 달리 하나의 바가 길게 선처럼 공간 중앙을 가로지르는 구성이다. 펠른은 "커피에 대한 전문적인 대화가 가능한 곳으로, '마스터'라고 이르는 바리스타와 함께 커피의 재료, 맛, 향, 제조법, 마시는 방법에 대해 대화"할 수 있도록 이러한 바 형태를 취했다고 이야기한다. 또한 자리마다 개별 조명과 콘센트를 설치하고, 좌석 바로 뒤에 개인용 옷걸이와 소지품을 두는 자리를 마련하는 등 사람들이 커피에

만 온전히 집중할 수 있도록 공간의 디테일한 부분까지 매만졌다.

펠른은 카페를 계획하기에 앞서 한국인들의 커피 문화를 관찰했다고 한다. 커피가 '식사 후 음료'가 된 이유를 빠르게 추출되는 에스프레소를 기반으로 하는 제조 방식과 테이크아웃이 상용화된 소비 방식에서 찾았다. 그런 가운데 "커피는 왜 음식이 될 수 없을까?"라는 의문을 던졌다. 커피를 하나의 음식으로 다루며, 보다 세분화되고 전문적인 커피를 제공해 폭 넓은 선택지를 제안하고자 했던 것이 펠른의 시작이다. 고객의 취향에 맞게 6종의 원두를 드립, 사이폰, 더치 방식으로 다양하게 추출하는 것은 이러한 아이디어를 구체화한 결과다. 또한 어렵고 부담스럽게 느껴질 수 있는 스페셜티 커피를 진정성 있게 고객에게 제공하고자 메뉴 소개도 매번 잊지 않는다. 바 형태로 되어 있어서 고객과 마스터의 거리가 가까워 소통은 쉽고 자연스럽다. 이렇듯 펠른이 커피를 대하는 태도는 보편적인 카페보다는 위스키 바, 오마카세 스시집에 더 가깝다고 할 수 있다.

한층 더 진화한 커피 미식 경험

한발 더 나아가 커피와 디저트를 묶어서 코스 요리처럼 제공하는 본격적인 페어링 메뉴도 있다. 짝을 짓는다는 의미의 '페어링'을 커피에 적용한 것이 눈길을 끄는데, 일반적으로 페어링은 와인을 비롯한 주류에 사용되어 음식과 주류 사이의 좋은 궁합을 의미한다. 펠른은 고급 음식점에서 경험할 수 있는 페어링을 커피라는 음료의 영역으로 끌고 온다. 세 가지의 음료, 세 가지의 디쉬로 구성되는 페어링 코스는 약 한 시간 동안 진행된다. '커피벨트를 지나는 세계 여행'을 주제로 하는 코스는 세 개의 지역을 여행하듯 코스가 이어진다. 첫 번째로 에티오피아에서 생산된 과일 향이 가득한 원두로 내린 드립커피, 지역 전통 식재료인 테프와 엔셋에서 영감을 받은 디저트가 나온다. 다음으로는 멕시코로 넘어가 화려한 색감의 스파클링 티 칵테일과 데킬라, 망고, 트로피컬 코코넛을 이용한 디저트를 함께 즐긴다. 마지막으로는 과테말라로 이동해 펠른의 시그니처 메뉴인 위스키 더치 커피와 마야 사원을 모티프로 한 옥수수 요리를 즐긴다. 코스의 주제는 1년에 3~4번 정도 바뀌고 그에 따라 세부 메뉴도 변화한다. 계절에 따라 각기 다른 제철 음식을 만나듯이 다음 시즌에는 어떤 주

제와 메뉴를 맛볼 수 있을지 기대하게 만드는 것도 이곳만의 특징이다.

이렇듯 펠른에서 커피를 온전히 경험할 수 있는 데에는 공간과 가구도 큰 역할을 한다. 크지 않은 공간임에도 불구하고 인테리어 공사에만 6개월이 걸릴 정도로 많은 노력이 들어갔다. 디자인을 맡은 원투차차차의 권의현은 한쪽 벽면을 따라 있는 옷걸이 겸 수납장부터 조리대와 집기류, 가구까지 제작했다. 음료와 디쉬를 만드는 데에 필요한 기기들의 종류와 크기와 개수, 심지어 이동 동선까지 미리 꼼꼼하게 확인해 모두 저마다의 자리를 잡아줬고, 그런 덕분에 자칫 깨끗하지 못한 인상을 줄 수 있는 바 형태의 공간임에도 불구하고 굉장히 단정한 느낌을 준다. 나무, 금속 등의 재료를 날 것 그대로 사용해 공간의 분위기가 자연스럽고 편안하다. 아연판을 절곡하여 제작한 바 의자는 금속의 차가움을 완화하기 위해 피부가 닿는 부분은 별도의 가죽으로 마감했다. 문 손잡이는 알루미늄을, 물에 닿는 수전 가리개는 녹이 슬지 않는 스테인리스 스틸을 사용했는데 이처럼 적재적소에 적용된 재료의 차이도 즐거운 관찰의 대상이다.

펠른의 향후 행보는 어떨까? 펠른은 "코로나바이러스감염증-19 사태를 겪으며, 보이지 않고 만질 수 없는 다양한 위협들이 사람들을 물리적으로 차단하고 단절된 세계로 이끌고 있다는 느낌을 받는다."라며 "이럴 때일수록 사람들 간의 감정, 소통, 협력이 중요하다."라고 전했다. "정성이 담긴 대화를 통해 배움과 이해, 나아가 연대를 만들고자 한다."라는 목표를 이야기했다. 카페도, 맛집도 아닌 '커피를 매개로 하는 연대의 플랫폼'으로 거듭나고자 하는 것이다. 어쩌면 "커피 한 잔 마시자."라는 인사말이 "커피 페어링하러 가자."로 대체되는 날이 올 수도 있지 않을까? 그날이 생각보다 빨리 올지도 모르겠다.

INTERVIEW >

펠른 브랜딩/마케팅팀 × the blank

> By. 이효진 에디터, 최은화 객원 에디터

펠른이 다른 카페들과 차별화되는 지점은 커피를 단순한 음료가 아닌 미식의 대상으로 삼고 있다는 점인데요. 이러한 아이디어를 어떻게 떠올리게 되셨나요? 펠른의 기획 의도에 관한 이야기를 듣고 싶어요.

많은 한국인이 식사 후 커피를 찾아요. 이제는 너무 자연스러운 문화로 자리 잡았죠. 우리의 커피 문화가 언제, 어디에서 시작됐으며, 어떻게 소비, 발전되고 있는지 생각해봤어요. 우리가 알고 있는 대부분의 커피는 에스프레소를 기반으로 한 빠른 제조, 테이크아웃을 기반으로 한 빠른 소비에 최적화되어 있더라고요. 커피의 원재료, 제조, 소비에 새로운 문화를 제안하고 싶었어요. 커피라는 음료를 하나의 dish로, 바리스타라는 사람의 역할을 master로 새롭게 규정했어요. 더욱 깊고 세분화된, 그리고 전문적인 커피 문화를 주도하고 소비자에게 더 넓은 선택지를 제안하고자 했던 것이 바로 펠른의 시작이에요.

커피를 음료 대신 'dish'로 규정한다, 독특한 접근이네요. 그렇게 규정하고 접근하면 어떤 것들이 달라지나요?

커피는 왜 음식(dish)이 될 수 없을까요? 펠른에 있어 커피는 식후에 마시는 음료라기보다는 사람과 사람, 순간과 순간을 잇는 매개체(medium)예요. 이 관점에서 음료와 음식은 어떻게 구분될 수 있는지 생각해봤어요. 사실 하나의 훌륭한 경험, 소통의 순간을 만들어내는 데 이런 경계와 구분은 큰 의미가 없지만요. 어떻게 보면 이런 논의는 경계와 구분 안에서 생성된 상위 계급에 관한 문제를 다루는 것이기도 해요. 펠른이 추구하는 개인의 가치, 전문성의 존중을 통한 협업 체계와도 깊은 관련이 있죠. 카페와 파인 다이닝, 카페와 바, 바리스타와 셰프, 음식과 음료라는 개념들의 경계점에서 유동적으로 움직이는 형태가 바로 펠른이에요. 이것이 펠른을 흥미로운 장소로 만드는 중요한 특징이라고 생각해요. 그리고 이러한 개념의 첫 번째 실험이 '커피 페어링 메뉴'(일명 커피 오마카세)예요. 하나의 음료와 음식을 매치하는 것에서 끝나지 않고 더 나아가 극대화된 맛, 그리고 이를 통해 극대화된 경험을 만드는 것이 저희가 지향하는 목표예요.

마스터의 존재와 역할도 무척 중요하겠어요.

바리스타를 마스터라 명명한 것에는 '우리는 커피에 대해 진지하게 연구를 하는 사람들이야.'라는 자긍심이 담겨 있어요. 어떤 것에 대한 마스터가 될 정도의 열정과 노력을 쏟겠다는 의지도요. 그리고 펠른은 카페가 아니라 파인 다이닝을 추구하기 때문에 펠른의 바리스타는 커피만 다루는 것이 아니라 커피에 어울리는 디쉬에 대한 페어링도 해야 해요. 위스키나 주류들도 많이 다뤄서 식음료에 대한 전반적인 관심과

이해가 필요하고요. 조주기능사 자격증을 가지고 계신 분도 있고, 커피의 세계를 확장할 수 있는 좀 더 전방위적인 활동을 했으면 좋겠다는 의미로 마스터라 이름을 붙였어요.

실제로 페어링 코스를 체험해보니 파인 다이닝을 추구하신다는 말씀이 더 와닿아요. 페어링 메뉴는 누가 담당하나요?
셰프 팀이 따로 있어요. 지금 일하는 셰프팀 리더는 미슐랭 투스타 한식 파인다이닝에서 파티셰 팀에 계셨던 분이고요. 다른 분들도 르꼬르동블루, 동경대학교 등 전문적으로 트레이닝을 받은 분들이죠. 저희는 저희가 선보이는 식음료나 문화에 정말로 진심이고, 제대로 해보자, 커피로 파인 다이닝을 만들어보자는 지향점이 뚜렷해요. 내부적으로 자부심을 많이 가지고 있는 부분이기도 해요.

카페에 있어서 입지는 아주 중요한 요소예요. 연남동 골목에 어떻게 자리 잡게 됐나요? 위치를 정할 때 어떤 점들을 고려하셨나요? 가게가 골목길보다 살짝 낮게 자리하고 있어서 눈에 잘 띄려나, 싶은 생각도 드는데 혹시 의도하신 건가요?
펠른은 언제나 유연한 공간이에요. 어느 장소로 이동하든 장소 특정적 성격을 지니고, 주변 분위기에 최적화된 방식으로 변화할 수 있죠. 다른 의도는 없었어요. 연남동 펠른은 지금 장소가 가지고 있는 상황에서 가장 알맞은 형태를 고민하고, 방문객 이용에 있어 최대한의 편안함을 제공하고자 노력한 결과예요.

카페에 들어서면 여러 개의 테이블이 군데군데 흩어져 있는 일반적인 배치가 아닌, 하나의 긴 바가 공간을 가로지르고 있는 점이 흥미롭게 다가와요. 서버(직원)와 손님(고객)의 상호작용이 더 커질 수밖에 없을 것 같은데, 커피를 매개로 서버와 손님이 어떻게 관계 맺기를 바라며 이 공간을 계획하신 건지 궁금해요.

"바 형식을 취하고 있다", 이는 커피에 대한 전문적인 대화가 가능한 곳이란 결론으로 가는 과정이에요. 펠른 마스터로부터 커피의 재료 및 맛, 향, 제조법에 대한 소개를 들을 수 있고, 더불어 마스터와의 대화를 통해 마시는 방법까지 이해할 수 있는 시간을 제공한다는 의미를 가지게 되죠. 상대적으로 펠른 마스터와 가까운 거리에 있기 때문에 원한다면 마스터와의 전문적 소통이 쉬워요. 또한 고객의 취향과 펠른 마스터의 추천으로 주문 제작되는 "펠른's pick"은 원두 선정부터, 로스팅 방법, 향과 맛, 모든 것이 고객의 취향에 맞게 커스터마이즈드 될 수 있기에 펠른에 방문하는 이들에게 최적의 커피를 소개, 경험할 수 있도록 해요.

공간 속 세세한 부분들까지 신경을 많이 쓰신 것이 느껴져요. 규모가 크지는 않지만 매우 밀도나 완성도가 높은 공간이라는 생각이 들 만큼이요. 공간이 만들어지기까지의 과정은 어땠나요?

가구는 원투차차차의 권의현 디자이너가 담당했어요. 인테리어 공사에만 6개월이 걸렸죠. 거의 모든 집기와 가구를 직접 제작했어요. 고객의 편의를 위해 자리마다 콘센트를 설치하고 각 좌석 뒤쪽에 옷걸이와 가방을 두는 곳을 배치했어요. 방문하는 개개인을 위한 공간을 열어 두고 그들을 항상 환영한다는 의미를 가지고 있는데요. 이렇게 공간을 구성함으로써 보다 고차원적인 개인적 경험을 강조하며, 혼자 카페를 방문해 커피나 위스키를 즐기는 상황이 전혀 어색하지 않도록 돕는 거죠.

무엇보다 펠른은 단순한 카페가 아니라 하나의 협업 프로젝트로서 탄생했어요. 바리스타, 공간 디자이너, 그래픽 디자이너, 브랜딩 전문가라는 각각 다른 분야의

전문인들이 만들어낸 협업의 결과물이죠. 서로 잘 아는 사람들끼리 시작해서 모두 프로젝트 이해도가 높았어요. '펠른'이라는 브랜드의 콘셉트를 정하고, 브랜드의 비전과 미션 같은 가치와 개념을 공유하고, 거기에 맞는 공간을 구현하는 방식으로요. 우리는 펠른의 시작과 함께 "협업이란 무엇인가?"라는 질문을 끊임없이 던졌어요. 그리고 이 '협업'을 위해 각 분야의 스페셜리스트들이 함께 모여 펠른의 목표와 동기에 관한 끊임없는 대화를 이어갔고요. 펠른은 카페라는 상업 공간이기보다 각 전문가가 그들의 새로운 도전과 능력을 펼칠 수 있는 무대로서, 그리고 하나의 플랫폼으로서의 공간이라는 개념을 함께 공유했어요. 그리고 여기서 가장 중요했던 것은 누군가 모든 것을 주도하기보다 각자의 전문성을 완전히 존중하는 형태로 명확히 분업화된 각자의 역할을 만들어가는 것이었어요. 이런 과정 덕분에 지금의 펠른이 탄생할 수 있었다고 생각해요.

궁극적으로 펠른은 고객들에게 어떤 공간이길 바라나요?

저희는 펠른이 누구나 부담 없이 커피에 관해 이야기하고, 온전히 오래 머물 수 있는 공간이 되기를

바라요. 커피를 마시는 것이 단순한 제품 소비가 아닌, 하나의 경험 또는 감정을 공유하게 되는 순간이 될 수 있도록. 동시에 이곳에 모인 사람들이 함께 소통할 수 있는 공간이면 좋겠어요. 결국 펠른의 가장 큰 목표는 커피를 매개로 한 연대의 플랫폼을 만드는 거예요. 코로나19처럼, 현재의 사회를 바라보면 보이지 않고 만질 수 없는 다양한 위협들이 사람들을 물리적으로 차단하고 모든 것을 단절하는 새로운 세계로 이끌고 있다는 느낌을 받기도 해요. 이럴 때일수록 사람들 간의 감정적인 소통과 협력이 필요하지 않을까요? 정성이 담긴 대화를 통해 우리는 배움과 이해, 마지막으로는 연대를 만들 수 있다고 생각해요.

펠른의 앞으로의 행보도 궁금해요. 예정된 것들이 있나요?
아직 구체적으로 말씀드리기는 어렵지만, 5월 중에 확장 계획을 하고 있고요. 하반기쯤에는 2호점을 오픈할지도 모르겠어요. 아직 논의 중인 단계예요. 다만 단순히 뭔가를 만들어서 서비스하는 것이 아니라, 저희가 가지고 있는 인적 자원이나 네트워크를 최대한 활용해서 워크숍 프로그램 등을 통해 좀 더 넓고 다양한 방면으로 고객분들과 만나보려고 해요.

DATA >

펠른
데이터로 보는 공간

'펠른' 연관어 트리맵

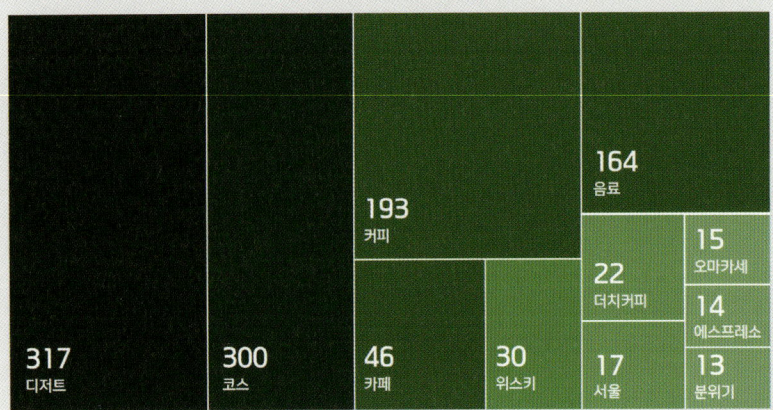

분석 기간
2021.3 ~ 2022.3

분석 소스
Blog, News, Instagram, Twitter

예전과 달리 요즘은 카페에 가는 목적이 다양해지고 있다. 불과 몇 년 사이에 카페는 음료를 마시며 담소를 나누기 위해 찾는 장소에서 벗어나 맛과 경험을 즐기는 공간으로 확장되었다. 핸드드립으로 내린 다양한 커피 맛을 즐기기 위해서, 또는 커피에 곁들일 맛있는 디저트를 먹기 위해서 휴대전화 지도에 저장해둔 리스트를 보고 카페를 찾아간다. '디저트', '코스' 등 언급량이 많은 단어들을 살펴보면 펠른이 제공하고 있는 커피 페어링 코스가 상당히 주목받고 있는 것으로 보인다.

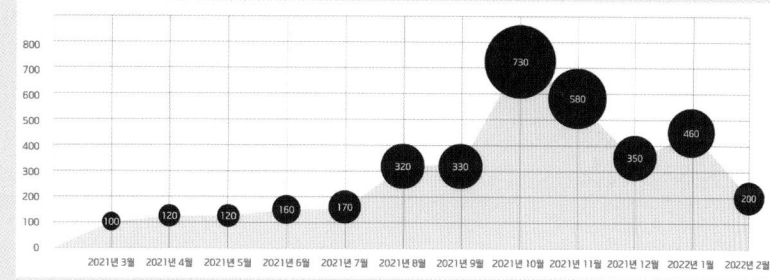

'디저트 페어링' 검색량 변화

분석 기간
2021.3 ~ 2022.2

분석 소스
Blog, News,
Instagram, Twitter

　카페에 가면 한 번쯤 "어떤 원두를 고르시겠어요?"라는 말을 들어봤을 것이다. 이제는 단순히 커피의 종류뿐만 아니라 원두도 고르는 시대다. 사람들의 커피 취향이 고도화되고 커피 마니아층이 두꺼워졌다. 그러면서 각양각색의 커피 풍미와 잘 맞는 디저트를 추천해주는 디저트 페어링을 향한 관심도 생기기 시작했다. 블루보틀 삼청 한옥점에서는 2019년부터 커피, 차 그리고 음료에 맞는 디저트를 페어링하는 코스를 제공해왔다. 커피뿐만 아니라 차와 디저트를 함께 즐기는 티 페어링 매장을 향한 관심도 뜨겁다. 다양한 페어링 코스를 즐기며 자신과 맞는 취향을 탐구해보는 시간을 가져보는 건 어떨까?

the_blank_뉴스레터
'불타는 수요일, 우리 클럽 갈래?'편 바로 보기

The Magazine Club
종이잡지클럽

A 합정점 : 서울 마포구 양화로8길 32-15 B1
　 제주점 : 제주 제주시 산지로 25 1층
T 010-6550-9833
I @the_magazine_club

STORY >

잡지 속 깊이 있는 이야기를 탐구하는 잡지전문공간 > By. 서해인 객원 에디터

한 권의 잡지를 읽는 시간을 정확하게 측정하기는 어렵다. 이는 우리가 책 한 권을 읽기 위해 쓰는 시간과 비교해보면 이해하기 쉽다. 두툼한 벽돌 책이나 장편소설은 꼬박 주말 이틀을 투자해 방구석에서 자리를 지키며 독파하는 것이 어울리고, 얇은 책은 그보다 짧은 시간이 걸릴 것이라 예상할 수 있다. 그러나 잡지는 늘 페이지 수에 따른 두께와는 무관한 시간을 요구한다. 잡지의 독자는 한 편의 글을 읽거나 한 장의 사진을 오래 바라본 뒤, 다시 목차로 넘어와 그 다음으로 넘겨볼 곳을 즉흥적으로 정한다. '종이잡지클럽'은 이런 종이 잡지 독자의 특성을 잘 이해한다는 듯 열람/대여 서비스를 기반으로 하는 잡지 전문 공간이다. 2018년 서울 서교동에 처음 터를 잡았고, 2021년 제주 건입동에 2호점을 열었다.

종이잡지클럽 합정점, 잡지가 궁금하다면 당장 여기로

먼저 합정점부터 들어서 보자. 첫인상은 "아담한 공간에 잡지가 가득하다."라는 것이다. 물론 우리 눈에 보이지 않는 어딘가에도 잡지는 더 있을 것이다. 종이잡지클럽의 운영진들은 지금 더 많은 사람이 만나보면 좋을 잡지를 수면 위에 드러내기 위해 꾸준히 서가를 관리한다.

아담함과 거대함. 공간의 규모와 방문자가 느끼는 기분의 상관관계는 OTT 서비스의 문법에 비유할 수 있다. 하루에 다 돌아볼 수 없을 정도로 넓은 공간에 입장할 때 우리가 느끼는 압박감은 OTT 서비스에서 지금 볼 수 있는 새로운 콘텐츠들의 목록을 보기 위해 스크롤을 영원히 내릴 수 있다는 사실을 깨달을 때와 비슷하다. 바꾸어 말하면, 콘텐츠로 채워진 공간의 규모와 그 공간의 밀도는 비례하지 않는다. 종이잡지클럽은 방문자의 시선에서 공간이 가진 밀도와 깊이를 한 호흡에 파악하기에 적당한 정도의 규모이다.

OTT 이용자로서 우리는 언제나 충분히 흡족하지 못한 한 달을 보낸다. 동시대인들의 공통 경험이다. 그러므로 매월 구독료를 지불하는 OTT 서비스와 견주어 볼 때, 종이잡지클럽의 멤버십에 가입하는 것은 다음의 이유로 이로운 소비다. 1) 스크롤을 내리면 내릴수록 자꾸만 나타나는 콘텐츠들과 달리, 이곳에서는 시야 안에 들어오는 것들부터 안심하고 넘겨보면 된다. 2) 또한, 현재로서는 국내에서 '잡지 전문 공간'의 정체성을 가지고 판매, 열람 및 대여, 커뮤니티 서비스까지 올인원으로 제공하는 곳은 '종이잡지클럽'이 유일하다. 여러 OTT를 구독하는 것이 피로였던 사람들에게 일원화된 공간, '잡지가 궁금하면 여기에 오면 된다.'라는 감각은 소중하다.

종이잡지클럽은 창간호를 각별하게 조명한다. 합정점의 'new born' 섹션에는 아마도 이름을 처음 들어보았을 잡지의 창간호들이 비치되어 있다. '멤버십 회원이 만든 잡지'에는 관련 내용을 소개말에 덧붙여서 방문자들의 눈길이 한 번 더 머물게 만든다. 이전까지 다른 잡지에서 하나의 꼭지나 월간 테마 단위로 다루던 내용이 아예 새로운 잡지의 출발점이 되기도 한다. 섣불리 2호를 기약할 수 없는 비정기적 간행물이라고 해도, 중요한 것은 새로운 이야기를 길어내겠다는 누군가의 의지가 반영된 눈 앞의 결과물이다.

종이잡지클럽 제주점, 공항 근처의 라운지형 스토어

막 3주년을 맞이한 종이잡지클럽이 생각하는 이곳의 주 고객은 다음과 같은 습성을 가진 사람들이다.

"가방에 읽을거리와 일할 거리가 가득한 사람. 늘 새로운 것을 궁금해하는 동시에 좋아하는 것에 오래도록 애정을 지니는 사람들. 시대의 트렌드에 빠르게 반응해야 하지만 정작 가장 아끼는 것은 조금 촌스러운 사물들인 분들."

출처: ⓒ종이잡지클럽 인스타그램

그런데 일상에서 읽을거리와 일할 거리가 가득 든 가방을 들고 다니는 이들은 여행자가 되어서도 거의 비슷하게 가방을 꾸린다. 종이잡지클럽은 2021년 제주도 건입동에 2호점을 내면서 공항이라는 공간을 깊이 염두에 두었다. 제주공항과 종이잡지클럽 제주점은 대중교통으로는 20분 내외, 택시로는 10분이면 이동할 수 있는 거리에 있다. 이곳은 "공항을 오가

기 전 여행의 시작과 끝을 기록하고 기억할 수 있는 라운지형 스토어"다. 특히 쉼과 일이 뒤죽박죽인 휴가지에서 일정을 마무리할 때 들르기 좋은 선택지다.

제주점에 입장하자마자 전면에 보이는 것은 전국 30개 서점이 큐레이팅한 도서들이다. '세가방(세상에서 가장 큰 책방)'의 큐레이션 도서들과 종이잡지클럽이 고른 잡지를 한 공간 안에서 만나보도록 구성했다. 이어서 제주 로컬 매거진 〈sarm〉, 〈iiin〉 같은 지역 잡지도 비치되어 있다. 본격적인 여행 전에 들렀다면 지역의 정서와 지식을 조금 더 익히고 여행을 시작할 수 있다.

합정점, 제주점의 공통점이 있다면 정숙모드 대신 어느 정도의 생활 소음을 허용한다는 점이다. 운영진은 상시 콘텐츠 가이드 역할을 하고 있다. 운영진은 특정 잡지 또는 꾸러미 형태의 잡지를 권해주는 식으로 방문자들과 대화를 이어 나간다. 이미 어떤 잡지를 읽을지 목록을 확정하고 방문한 사람이라고 하더라도 이러한 대화를 통해 새로운 잡지를 접할 수 있다.

한 페이지를 넘길 때마다 쌓이는 종이 잡지의 세계

이곳은 잡지로 시대적 흐름과 필요를 채우려는 독자뿐 아니라 잡지를 만드는 이들에게도 각별한 공간이다. 종이잡지클럽 이름으로 펴낸 잡지 〈We read magazine〉은 운영진이 직접 읽어보고 선별한 28종의 잡지를 소개한다. 이 잡지는 2021년 여름부터 반년마다 한 호씩 최소 10호까지는 내

는 것을 목표로 시작됐다. 종이잡지클럽은 수많은 잡지를 한 곳에 모으고 서가를 관리하는 차원에 그치지 않고, 말과 글로 최대한 많은 잡지들을 소개한다. 방문자들은 〈We read magazine〉의 구성에 따라 종이잡지클럽을 이용하는 방식의 힌트를 얻을 수 있다. 일단 무엇이든 넘겨본 후 이 잡지가 지금의 나에게 왜 흥미롭게 느껴지는지 생각해보고, 밑줄을 그을 만한 문장들을 2~3개 정도 찾아보는 것이다.

이곳에 비치된 정기간행물들의 표지는 여러 사람의 손을 탄 듯 말려 올라가 있어, 마치 유년기의 만화방을 연상시킨다. 빳빳하지 않은 종이 낱장들은 계속해서 잡지가 읽히고 있고 사람들이 드나들고 있다는 증거다. 2018년부터 서울 합정점에서도, 그리고 2021년 오픈한 제주점에서도 사람들은 각자의 페이지를 넘기고 있다. 종이잡지클럽은 오늘도 미온적이다 못해 냉소에 가까운 종이 잡지의 세계에 자기만의 방식으로 활기를 더하고 있다.

에디터가 추천하는 잡지

1. 〈바람과 물〉

지구의 한 편에서는 '이 행성을 구하기에는 이미 늦었다'는 열패감이 번져가고 있지만, 또 다른 한편에서는 기후 위기와 인간이 아닌 생물에 대해 마음을 쓰는 이들이 있다. 〈바람과 물〉은 후자를 조명하기 위해, 2021년 6월에 창간된 두툼한 생태 전환 잡지다. '바람'과 '물'은 자연, 그리고 이 글을 읽는 우리 모두의 기본 요소임을 환기한다. 전문적인 생태적 지식을 쉽게 해설해주고, 질문을 던지며 기후 위기 시대를 살아가고 있는 서로의 흩어진 마음을 모아서 실천을 도모한다.

2. 〈한편〉

"책보다 짧고 논문보다 쉬운 한편의 인문학"이라는 캐치프레이즈를 가지고 있다. 책, 논문, 잡지 모든 것의 속성을 조금씩 닮은 동시대의 새로운 잡지라는 점에서 주목할 만하다. 2020년 1월 '세대'라는 테마를 시작으로 '인플루언서', '동물', '일'까지 한 단어를 테마로 하는 10여 편의 글들을 엮었고, 사진은 없다. 출판사 민음사가 펴내고 있는 잡지 라인업(〈릿터〉, 〈크릿터〉) 중에서도 〈한편〉은 과월호를 모아서 꽂아 놓으면 원색으로 된

책등의 디자인이 가장 서재의 인테리어를 위한 기능에도 충실하다는 것 또한 특징이다.

3. 〈헵〉

"책보다 짧고 논문보다 쉬운 한편의 인문학"이라는 캐치프레이즈를 가지고 있다. 책, 논문, 잡지 모든 것의 속성을 조금씩 닮은 동시대의 새로운 잡지라는 점에서 주목할 만하다. 2020년 1월 '세대'라는 테마를 시작으로 '인플루언서', '동물', '일'까지 한 단어를 테마로 하는 10여 편의 글들을 엮었고, 사진은 없다. 출판사 민음사가 펴내고 있는 잡지 라인업(〈릿터〉, 〈크릿터〉) 중에서도 〈한편〉은 과월호를 모아서 꽂아 놓으면 원색으로 된 책등의 디자인이 가장 서재의 인테리어를 위한 기능에도 충실하다는 것 또한 특징이다.

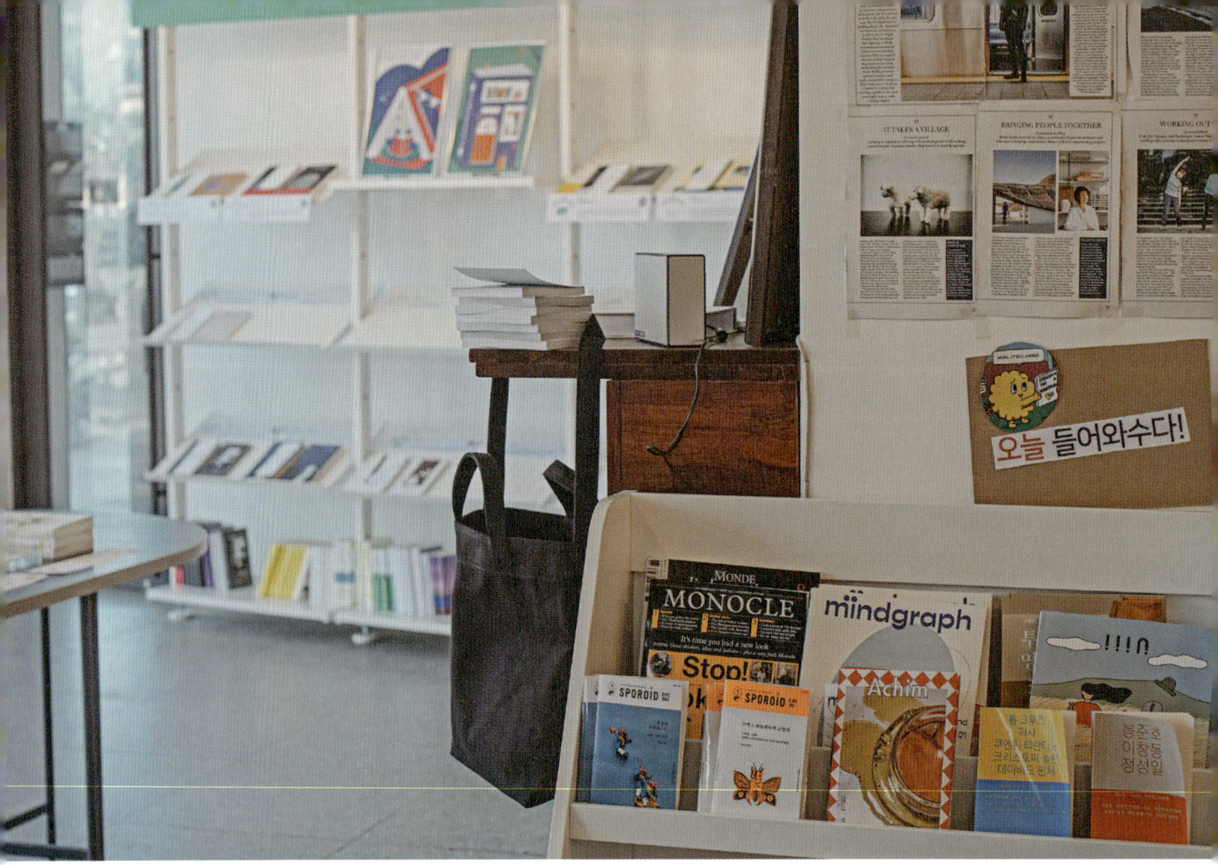
오늘 들어와수다!
MONOCLE
mindgraph
Achim
SPOROID
봉준호
이창동
정성일
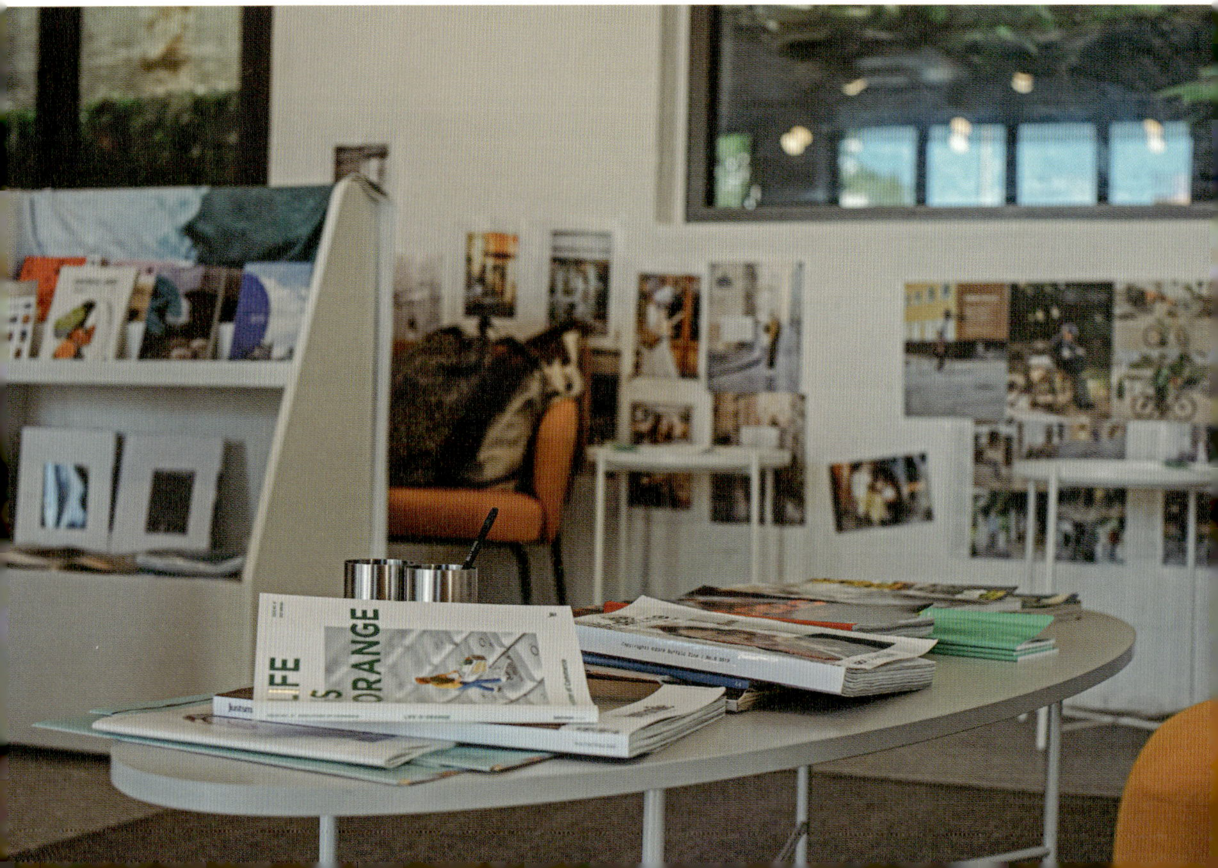
ORANGE

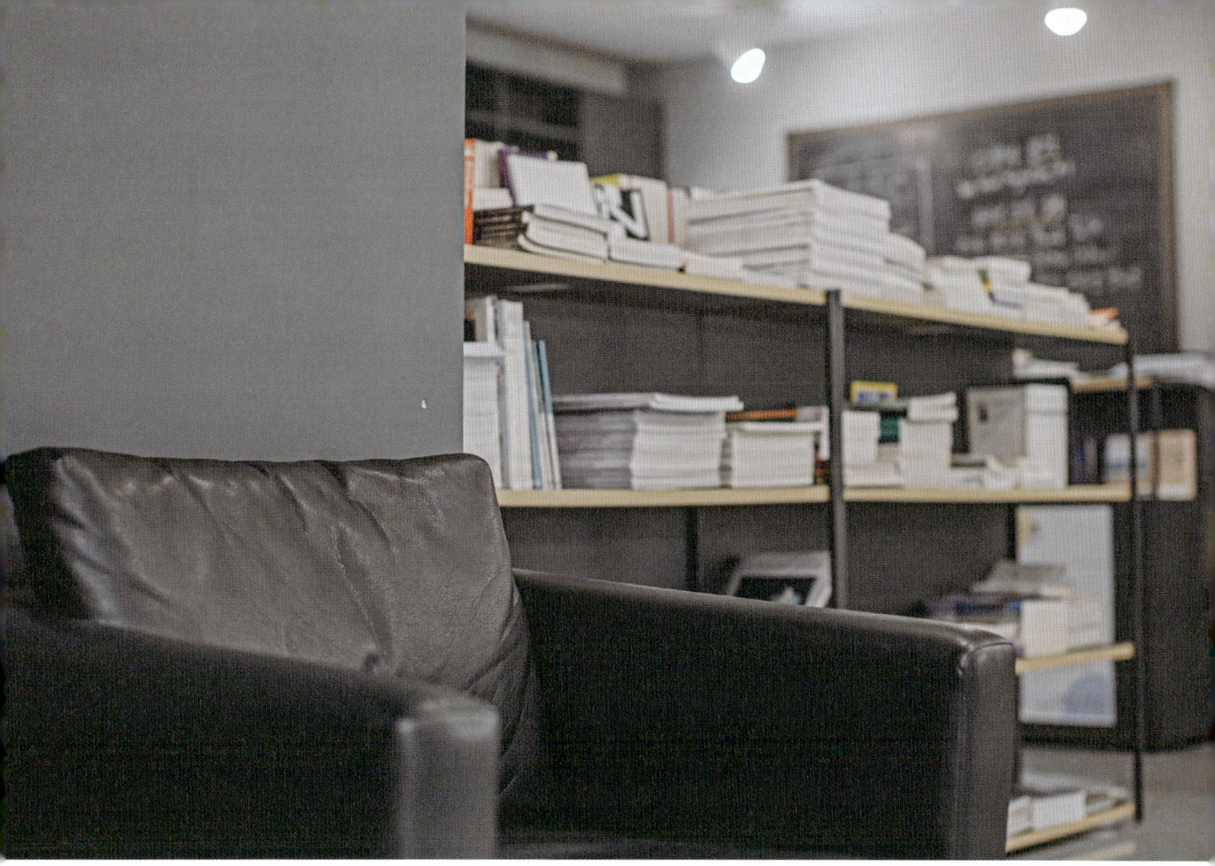

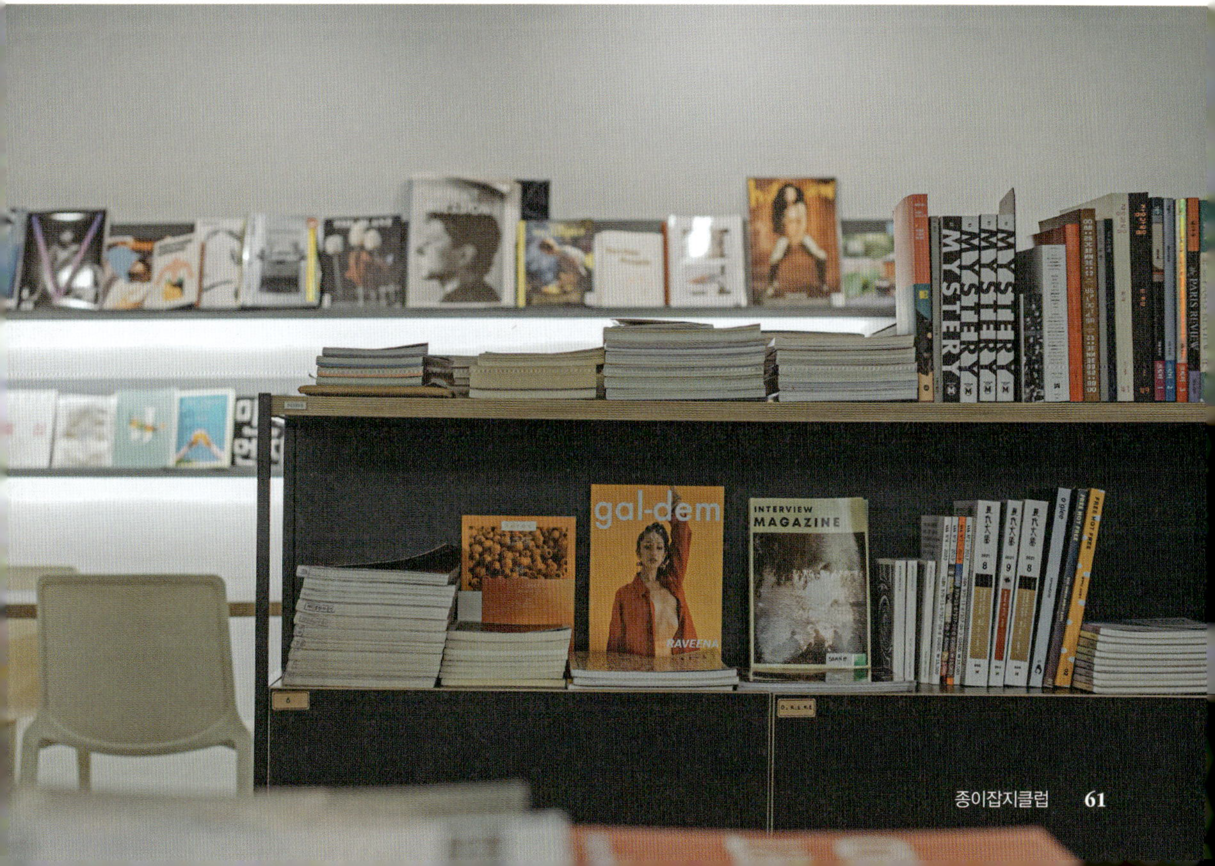
MYSTERY
MYSTERY
MYSTERY
PARIS REVIEW
gal-dem
RAVEENA
INTERVIEW
MAGAZINE

DATA >

종이잡지클럽
데이터로 보는 공간

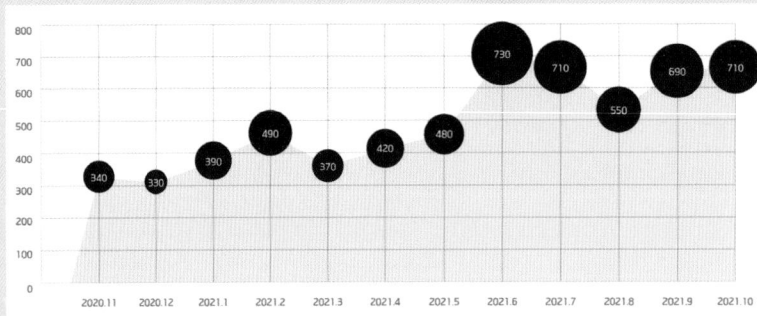

'종이잡지클럽' 월별 검색량 그래프

분석 기간
2020.11~2021.10

분석 소스
Blog, News, Facebook, Instagram, Twitter

합정에서 꾸준히 인지도를 쌓아가고 있던 종이잡지클럽은 2021년 7월 제주에 2호점을 오픈하면서 검색량이 한 계단 위로 뛰었다. 제주점은 대교 문화재단과 협업하여 동네 책방을 살리는 세가방(세상에서 가장 큰 책방) 프로젝트로 탄생한 공간으로 사람들의 많은 관심을 받았다. 1호점, 2호점이 차근차근 한 계단씩 올라가며 종이잡지의 세계가 점점 확장되길 바란다.

'독립매거진' 기간별 연관어

#독립매거진 기간별 연관어

2018.11 - 2019.10		2019.11 - 2020.10		2020.11 - 2021.10	
잡지	337	매거진	249	매거진	99
매거진	312	잡지	145	출판	82
독립잡지	274	출판	140	잡지	74
출판	269	텀블벅	95	독립잡지	60
서점	104	독립잡지	91	대화	32
철학	59	페어	71	편집장	29
북	59	판매	68	콘텐츠	29
퍼블리싱	59	부활	63	텀블벅	21
문화	29	서점	41	이야기	15
서적	26	콘텐츠	37	시선	15

분석 기간
2018.11~2021.10

분석 소스
Blog, News, Facebook, Instagram, Twitter

독립매거진과 함께 언급된 키워드를 기간별로 분석했다. 독립매거진이 사람들에게 어떤 매체로 인식되어왔는지 알 수 있었다. 이전에는 '북'이나 '서적'이라는 키워드가 존재했지만, 2019년부터 해당 키워드는 사라지고 '콘텐츠'라는 연관어가 추가되었다. 독립매거진을 단순히 책으로 생각하는 것에서 벗어나 가볍게 즐길 수 있으면서 취향을 디깅하는 콘텐츠로 인식한다는 것을 알 수 있다. '텀블벅'이라는 연관어가 보이기 시작한 것으로 보아 독립매거진이 펀딩을 통해 많이 제작된다는 것도 엿볼 수 있었다.

the blank_뉴스레터
'동쪽 끝, 일출과 함께 문을 여는 영화관'편 바로 보기

Eastcine
이스트씨네

A 강원 강릉시 강동면 헌화로 973 1F
T 010-9652-8732
I @eastcine_bookshop
R 영화로운 스테이 이용 시 이스트씨네 블로그에서 예약 가능

STORY >

#영화서점
#영화로운아침
#영화로운바다

정동진의 아름다운 일출과 함께 시작하는 영화서점

> By. 서해인 객원 에디터

정동진 기차역에서 10분만 걸으면 도착하는 이스트씨네는 저 만치 멀리서부터 시선을 사로잡는다. 바다를 벗한 민박과 상점들 사이에서 두 가지 원색이 대비되는 건물 하나가 보인다. 방문을 계획한 누구라도 걷다 보면 '확실히 저기가 맞는 것 같다.' 싶을 것이다. 이곳의 외관은 정동진의 일출을 상징하는 '마리골드'(노란색)와 바다를 연상시키는 '마리나'(파랑)를 입었다. 영화 제목을 철자 하나하나 갈아 끼울 수 있는 빈티지한 극장 전용 간판, 문 앞에 놓인 적색의 극장 전용 의자를 보고 있으면 오늘 이곳에서 숨겨진 한 편의 명작 영화를 만날 수 있을 것 같은 예감마저 든다.

가장 먼저 해가 떠오르는 곳에서 시작하는 성실한 하루

'이스트씨네'가 어떤 곳인지 이야기하기 위해서는 '미라클 모닝' 이야기부터 해야 한다. 본래 미라클 모닝은 인생에서 큰 사고를 겪은 후 기적적으로 두 번째 삶을 맞이한 인물 '할 엘로드'가 2014년경 주장한 생활양식이다. 한 인물의 아침 활용법이 전 세계적으로 큰 인기를 얻다가 국내에서는 2020년대에 들어 '갓생'을 추구하는 이들의 필수 옵션으로 자리 잡게 됐다. 최상급 표현 '갓(GOD)'에 '인생'을 조합한 이 단어의 본뜻대로 살기 위해서는 첫 단추부터 잘 끼는 것이 중요하다. 갓생의 기본 메커

니즘은 성실한 아침이 성실한 하루 전체를 만든다는 데에 있기 때문이다.

'이스트씨네'가 시작된 2020년 12월은 미라클 모닝 열풍이 본격적으로 국내에 불기 시작했던 시기와 정확히 맞물린다. 이곳은 매일 오전 5시에서 7시 사이의 일출 시간에 맞춰 영업을 시작한다. 그렇다고 이곳이 아침잠이 많은 사람들에게 괴롭더라도 인내하면서 자신의 성향을 개조하라고 부추기는 것은 아니다. "영화로운 아침, 영화로운 바다"라는 모토에 맞게 아름다운 일출과 함께 하루를 시작하는 경험을 권하는 것이다. 이스트씨네의 공식 SNS에는 매일 정동진의 '오늘 해 뜬 시간'과 함께 어스름한 아침의 기운을 맞고 있는 이스트씨

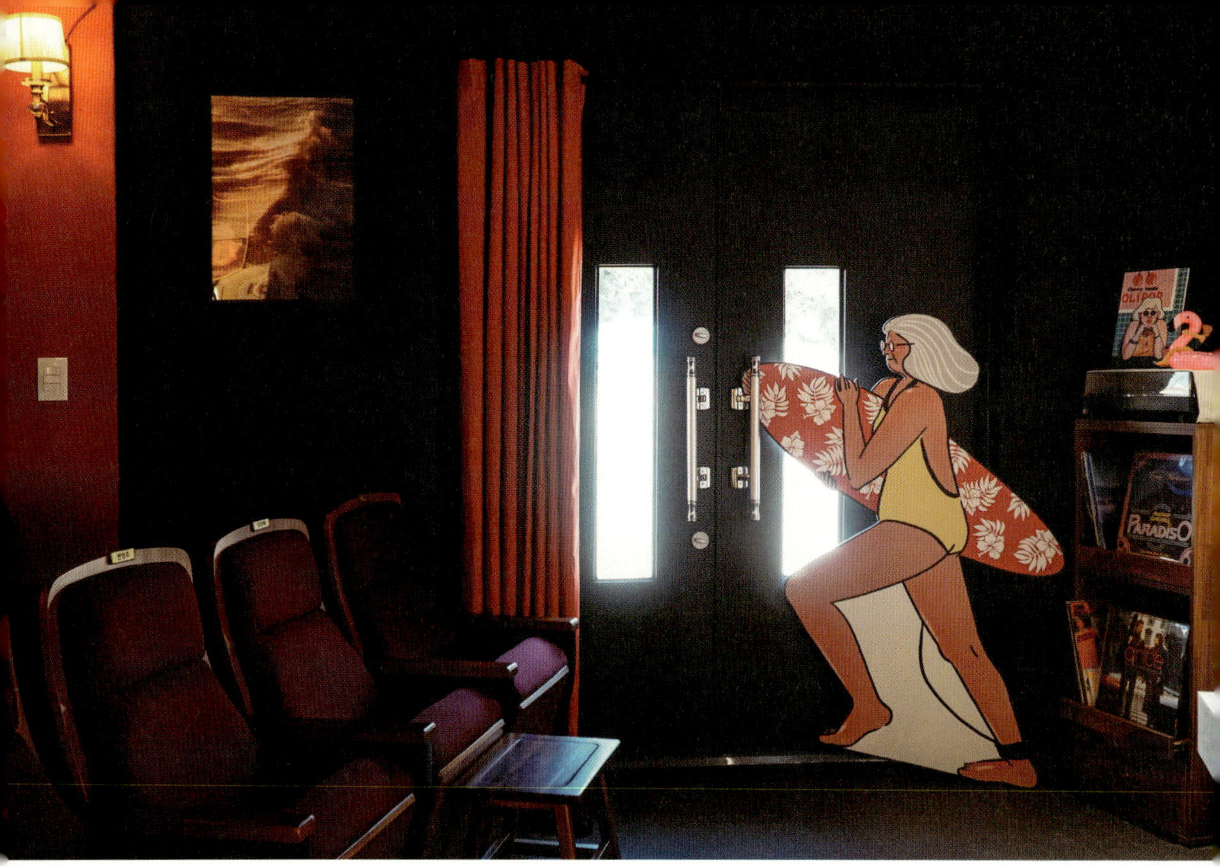
PARADISO

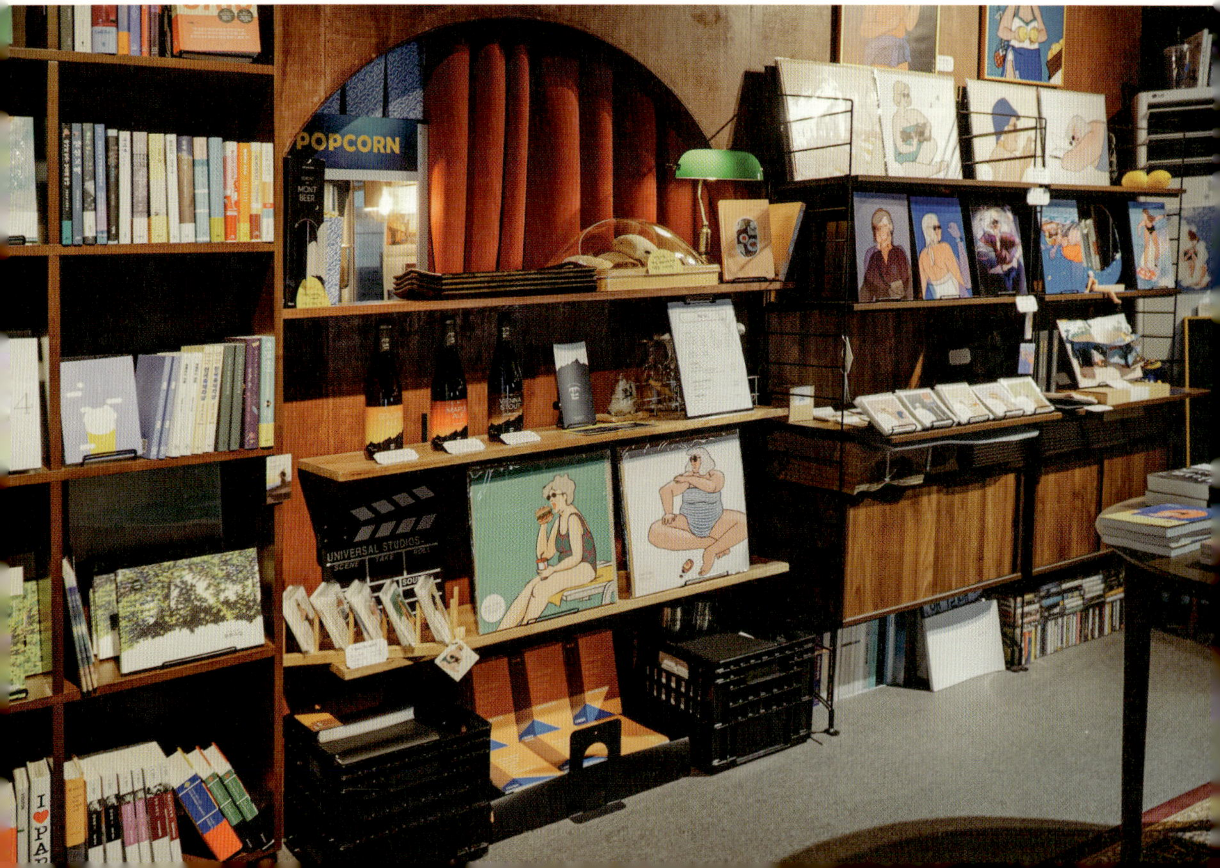
POPCORN
UNIVERSAL STUDIOS

네의 외관 사진, 혹은 옥상에서 보이는 일출 사진이 번갈아 업로드 된다. 업로드와 함께 매일의 유동적인 영업 시간을 공지하는 기능도 있다. 이스트씨네의 성실한 포스팅 덕에 누구라도 우리나라에서 가장 먼저 해가 떠오르는 곳을 바라보며 하루의 시작을 함께할 수 있다. 딱 그 정도의 파이팅으로 여는 아침도 괜찮다. 이는 어떤 의식보다도 정직한 것이기도 하다.

영화관보다 작지만, 분명히 영화를 위한 공간

이렇게 일찍 문을 여는 이스트씨네의 주요 정체성은 극장이 아닌 '영화 서점'이다. 묵직한 방음문을 열고 들어서면 영화 분야의 도서/간행물로 채워진 서가, 주인 부부가 꾸준히 수집해 온 종이 영화 티켓을 콜라주한 액자, DVD, 카세트테이프들이 곳곳에 빼곡하게 보인다. 한편, 전면을 호방하게 차지하는 것은 서점 주인이 좋아하는 국내 여성 감독 10인의 명패를 부착한 극장 전용 의자들, 그리고 책과 책 사이에 설치되어 있는 스크린이다. 어쩌면 서가 구역과 영화 상영을 위한 구역이 별도로 분리되어 있지 않는 공간 배치가 의외로 느껴질지도 모른다. 고유한 공간 배치 덕분에 책을 둘러보기 위해 영화 서점에 들른 고객들이 '영화가 상영되고 있지 않은 극장 그 자체의 정취'를 경험할 수 있다는 것이 독특한 지점이다. 우리 중 누구도 이렇게 밝은 조명 아래서 스크린과 좌석을 바라본 적이 없기 때문이다.

게다가 이 모든 것은 단순히 극장 분위기를 재현한 소품이 아니다. 이스트씨네는 정기적인 상영 시간표를 마련하는 대신 기획전의 형태로 영화를 상영한다. 그래서 원한다면 서점의 이른 영업시간이 종료된 이후 이 자리에 앉아 영화를 볼 수도 있다. 심지어 이곳은 이른 아침부터 빵을 굽지만 언제나 버터 팝콘도 판매한다. 공간을 둘러싼 모든 것이 '이스트씨네의 주인은 덕후다.'라는 인상을 전한다. 그 대상이 영화인 것이다. 방문자들은 오래 전 한 번쯤 꿈꿨던 바람, 작거나 좁더라도 나만의 취향이 깃든 아지트를 가까운 미래에 가지고 싶다는 생각을 갑자기 다시 해보게 된다.

다른 방식의 쉼이 필요할 때, 정동진 '영화로운 스테이'

서점에서 돌아 나와 올라선 2층에는 1인 전용 숙박 공간 '영화로운 스테이'가 있다. 이곳은 서점을 운영하는 부부가 실제로 거주하는 곳으로, 거실과 주방을 숙박객과 공유하는 구조다. 편안하게 머무르면서 식사와 이야기, 그리고 내일 아침의 뜨는 해를 함께 보는 시간을 공유하자는 세심한 의도가 담겨 있다. 주인 부부는 단 1명의 숙박객에게 양질의 쉼을 제공

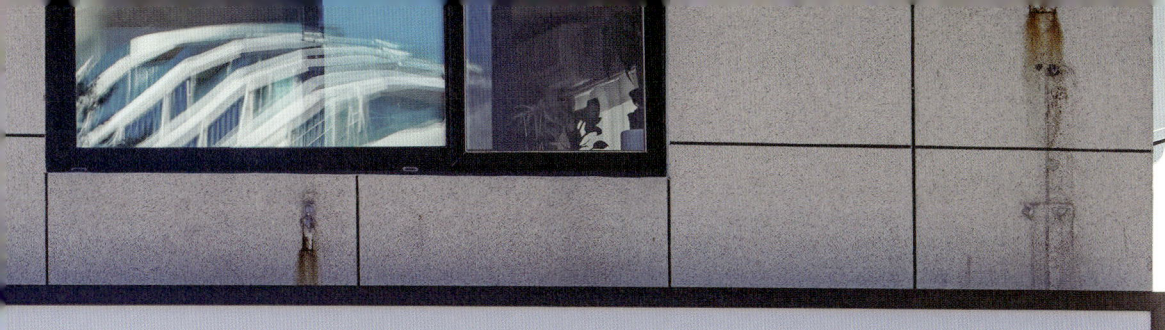

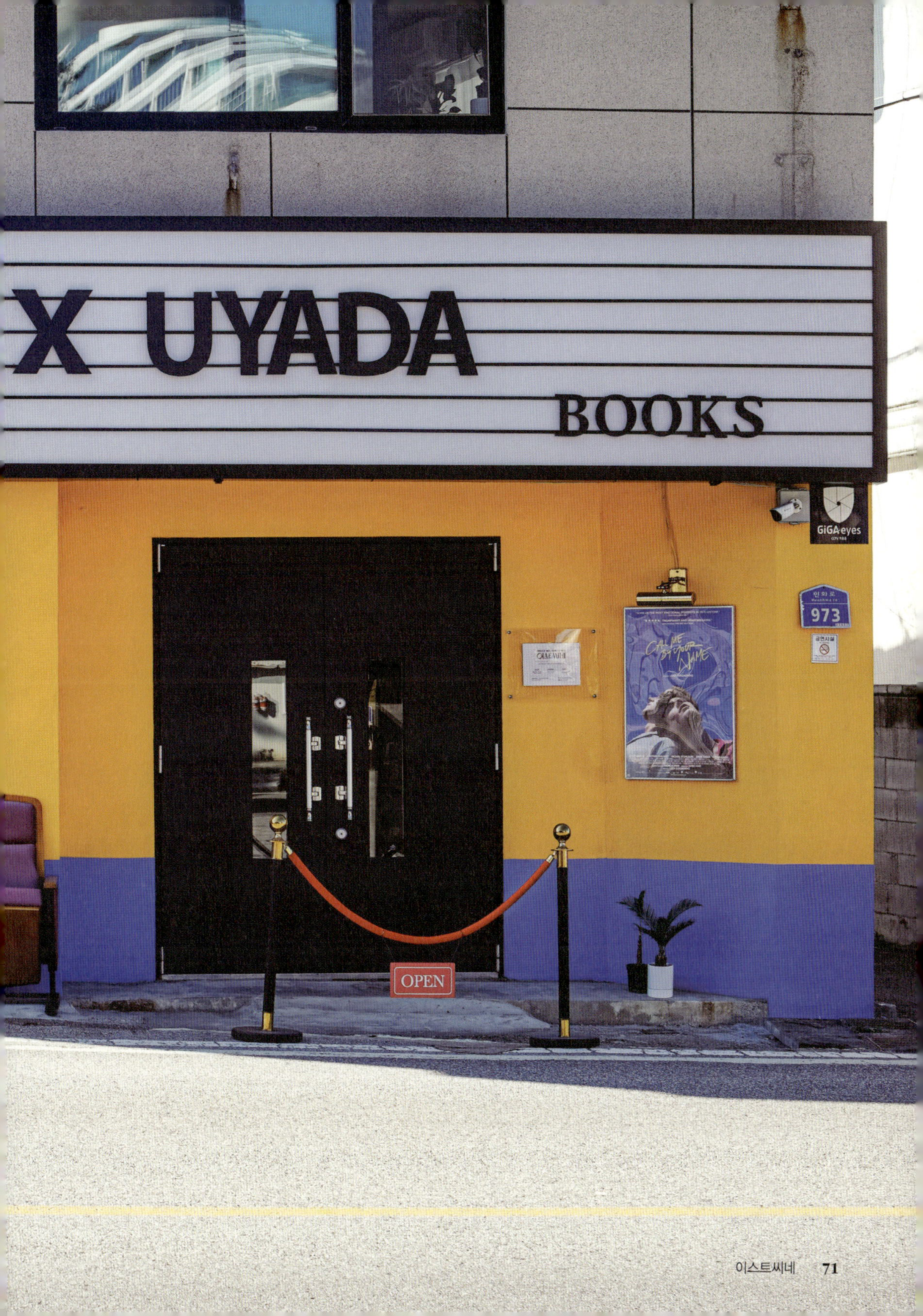
X UYADA
BOOKS
GiGA eyes
973
OPEN

이스트씨네

하는 것을 그날그날의 목표로 두는 것 같다. 여기에는 바다가 가까운 동쪽의 수많은 도시 중에서도 '정동진'이 단지 관광을 위한 선택지는 아니며 다른 방식으로 머무름이 가능한 곳이라는 전제가 깔려 있다. 숙박 시 체크아웃 시간이 다음 날 오전이 아니라 '도착한 시간으로부터 24시간 이후' 인 것도 이를 잘 보여주는 장치다.

2023년 8월 4일(금)부터 6일(일)까지 제 25회 '정동진독립영화제'가 강원도 강릉시 정동초등학교 운동장에서 개최된다. 정동진의 밤하늘 아래 반짝이는 독립영화들을 볼 수 있는 기회다. 매해 영화제가 개최되는 정동초등학교에서 도보 10분 거리에 이스트씨네가 있다. 올 여름 다른 방식의 쉼이 필요한 사람들을 위해 정동진 이스트씨네의 '영화로운 스테이'에 머물러 볼 것을 권한다.

DATA >

이스트씨네
데이터로 보는 공간

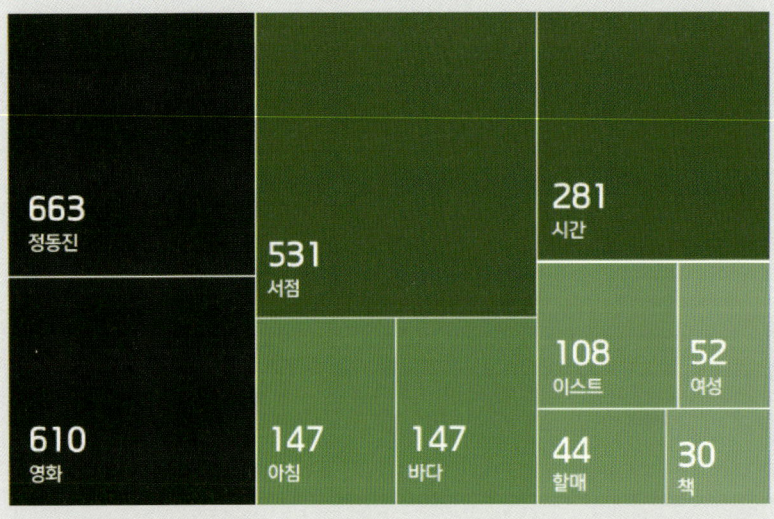

'이스트씨네' 연관어

분석 기간
2021.5 ~ 2022.5

분석 소스
Blog, News, Instagram, Twitter

지난 1년 동안 이스트씨네가 어떤 기록을 남겨왔는지 연관어로 살펴봤다. 이스트씨네는 아침마다 바다 일출 사진과 함께 오픈 소식을 인스타그램에 알리고 있다. 그 때문인지 '시간', '아침', 바다'같은 단어들이 많이 언급되었다. 이스트씨네가 큐레이팅하는 영화에 따라 연관 키워드가 바뀌는 것을 볼 수 있다. 2022년 3월에는 세계 여성의 날을 맞아 매주 한 편의 여성영화와 여성 감독영화를 소개하고 상영했다. 그래서 이와 관련된 '여성', '할매' 같은 키워드가 보인다. 매번 다채로운 색깔을 보여주는 이스트씨네가 또 어떤 단어들을 기록해 나갈지 기대가 된다.

강릉시 '방문자 수'

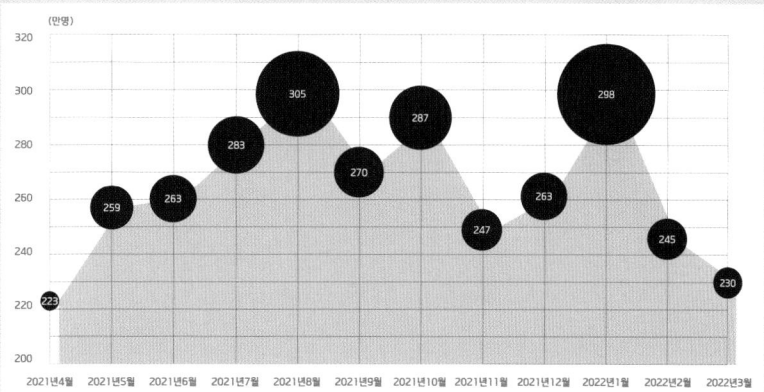

분석 기간
2021.4 ~ 2022.3

출처
한국관광 데이터랩

강릉시 검색 '목적지 상위 10'

#강릉시 검색 목적지 상위10	
01. 경포해변	254,776건
02. 주문진항	230,417건
03. 주문진수산시장	175,724건
04. 강릉중앙시장	155,333건
05. 세인트존스호텔	152,082건
06. 안목호텔	145,305건
07. 경포대	113,119건
08. 스카이베이호텔경포	111,687건
09. 정동진	80,351건
10. 강문해변	69,937건

분석 기간
2021.4 ~ 2022.3

분석 소스
한국관광 데이터랩

한국관광 데이터랩에서 제공하는 강릉시 방문자 수 데이터를 가져왔다. 사람들이 8월과 1월에 강릉을 가장 많이 방문하는 것을 알 수 있었다. 여름 동해와 새해 일출을 보러 강릉을 방문하는 것이다. 한달에 평균 260만명이 방문하는 강릉에서 가장 인기 있는 장소는 어디일까? 사람들이 네비게이션으로 검색하는 목적지 중 상위 10개의 장소를 살펴보았다. '강릉 해변'하면 가장 먼저 떠오르는 경포해변이 1위를 차지했고 그 다음으로 주문진항, 싱싱한 해산물을 만날 수 있는 주문진 수산시장과 강릉 중앙시장이 보인다. 경포 해변 근처 호텔과 카페거리가 있는 안목해변도 눈에 띈다. 이스트씨네가 위치한 정동진도 사람들이 많이 찾는 장소 중 하나라는 것을 알 수 있다.

Mangrove
맹그로브

Wetever & Rotenbaum
웻에버&로텐바움

A better place
어베터플레이스

개성과 감성이 넘치는
쉼의 공간

the blank_뉴스레터
'서울에 뿌리내린 열대 나무 보금자리?'편 바로 보기

Mangrove
맹그로브

A 서울 동대문구 왕산로 22 맹그로브 신설점
T 010-4416-7669
I @mangrove.city
R 숙박 이용 시 네이버 예약을 통해 예약 가능

STORY >

따로 또 같이 사는 곳, 코리빙 하우스

> By. 서해인 객원 에디터

장류진 소설 〈달까지 가자!〉에는 좁은 원룸에 살다가 '1.2룸'이라는 애매한 매물을 계약하는 데에 들뜬 주인공 다해의 모습이 나온다. 그는 0.2룸 정도 되는 여분의 공간에 자신의 취향에 맞는 가구를 놓는 장면을 상상하다 그 집에 금세 빠져든다. 소설 속 주인공에 해당되는 밀레니얼 세대는 남에게 보이는 거의 모든 면면에 자신의 취향을 드러내며, 이를 위해 자발적으로 많은 것을 공개하기로 선택한다. 그러나 집이라는 공간은 남에게 보여줄 수 있는 프레임 바깥의 영역을 포함한, 즉 생활과 취향이 겨루는 공간이다. 지금보다 더 넓은 평수에 사는 걸 마다하지 않지만 주어진 공간이 크든 작든 그곳을 자신이 좋아하는 것으로 채우고 싶어 하는 사람들은 소설 바깥에도 분명히 존재한다.

코리빙 브랜드 MGRV가 만든 '맹그로브'는 도심 속에서 살아가는 1인 밀레니얼 세대가 겪는 주거 문제의 대안을 제시하는 공간이다. 이들이 제안하는 '코리빙(co-living)'이라는 개념은 이제껏 셰어하우스와 혼용되기도 했다. 가장 큰 차이는 개인 공간을 확보하면서 누군가와 함께(co) 살아가는(living) 데에서 오는 이점을 취할 수 있는 주거 모델이라는 점이다. 혼자 머무르며 휴식을 취할 수도 있고, 타인과 교류하며 필요한 걸 해결할 수도 있는 곳. 매일의 필요에 따라 공간의 존재감이 조금씩 달라지는 현대형-보금자리다. 맹그로브는 약 24세대가 입주 가능한 숭인점을 2020년에 오픈하고, 이듬해 약 1km 근방에 있는 라마다 호텔을 임대하여 신설점을 오픈했다.

〈knock knock〉, 맹그로브가 제안하는 '코리빙'

나만의 취향을 위한 소비가 '고정비를 지출하고 난 후 여분의 소비'로 간주되던 시기가 있었다. 하지만 이제 밀레니얼 1인 생활자들은 취향에 더 많이 투자하기 위해 고정비를 줄이는 방향을 찾는다. 이들은 다른 사람의 주거 공간에서 무엇을 보고 싶어할까? 맹그로브는 2021년 여름 신설점 오픈 기념 전시 〈knock knock〉을 통해 이 질문에 대한 답을 찾아내려 했다. '똑똑'이라는 의성어는 누군가의 안온한 공간에 들어갈 때 벌컥 문부터 여는 대신 집주인에게 마음의 준비를 할 틈을 주려는 최소한의 예의와 겸양을 담은 소리다. '준비가 다 되면 문을 열어주세요.'라는 다정한 신호이기도 한 전시 타이틀. 맹그로브가 자신의 주 고객층을 잘 알고 있다는 인상이 전해지는 이유다.

전시에는 2021년 가장 주목받는 아티스트와 브랜드 총 10팀이 참여했다. 참여한 크리에이터 중 704호에 입실한 예진문(yejinmoon)의 4.5평짜리 방은 [그 사람의 방은 그 사람의 세계다]라는 제목의 영상으로도 공개되었다. 관람객들은 이 영상을 통해 베니스에서 제작된, 그가 가장 좋아하는 화병이 방의 전면에 배치되었다는 점이나, 직접 읽고 페이지 귀퉁이마다 접어 둔 책의 목록을 알게 된다. 전시는 보통 오후 6시까지 진행되기에 관람객들이 전시를 통해 볼 수 없는 밤의 맹그로브 객실 모습도 이 영상에 담겨 있다.

그 사람의 방은 그 사람의 세계

공간의 분위기를 파악하는 것이 영상으로도 충분하다고 느껴질 때쯤, 오프라인으로 이곳을 찾아가 보아야 할 이유에 의문이 들 수 있다. 우선 이 전시는 맹그로브 신설점의 세 가지 룸 타입 중 두 가지인 싱글룸과 버디룸을 자연스럽게 보여주는 구성이다. 관람객들은 누군가가 자신이 좋아하는 것으로 가득 채우고 배치한 방을 직접 관람하면서 실 면적 숫자만으로는 설명할 수 없는 공간의 규모를 이해할 수 있게 된다. 이를 통해 예비 입주자들은 '내가 좋아하는 것으로 채운 공간'을 더욱 적극적으로 꿈꾸는 계기를 가질 수도 있다. 집이 아닌 단지 방일뿐인, 하지만 다른 방과는 구분된 각각의 공간에 입장하면서 완결성 있는 감상의 경험이 하나씩 쌓인다. 전시가 진행되는 맹그로브 신설점의 701호부터 710호까지의 복도 거리는 성인 여성 기준으로 다섯 걸음일 정도로 간격이 좁지만, 부스가 연달아 배치되어 있는 전시를 볼 때는 시간이 다르게 흐른다. 간이 선반부터 캡모자 9개가 연달아 걸려 있는 걸 보고 706호 입주자(송시영 포토그래퍼)가 캡모자 수집가라는 걸 알 수 있고, '남양주산 쥐

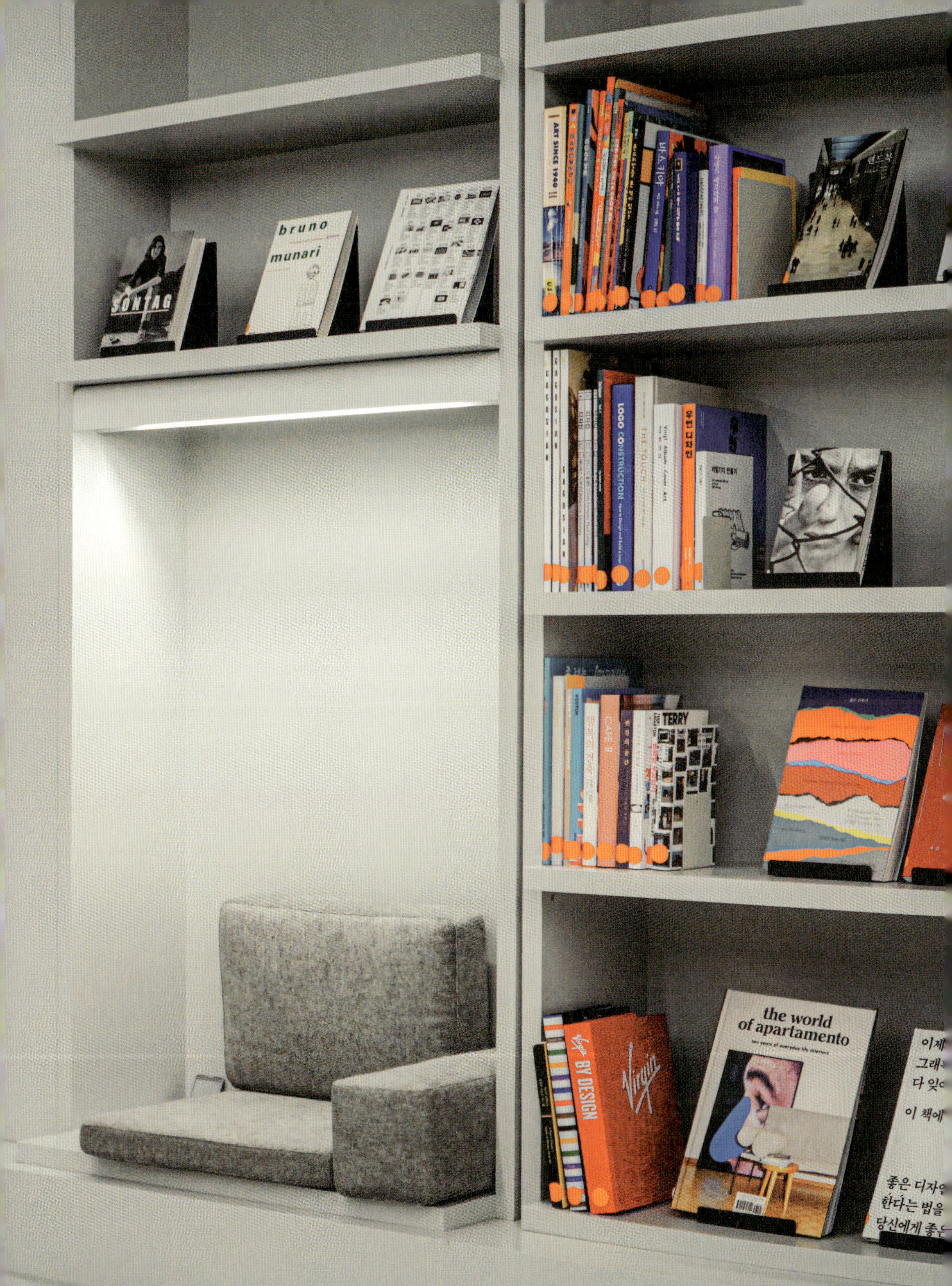
SONTAG
bruno
munari
ART SINCE 1940
GAGOSIAN
LOGO CONSTRUCTION
THE TOUCH
TERRY
CAFE II
the world
of apartamento
BY DESIGN
Virgin

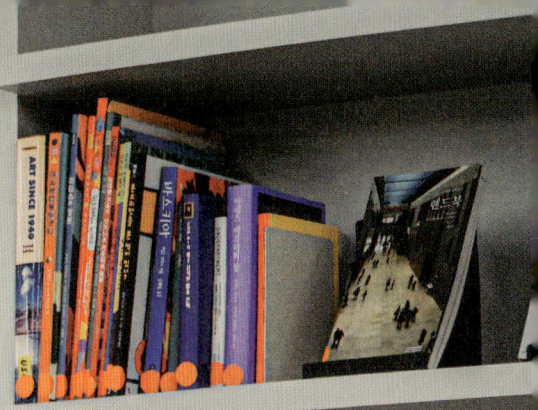

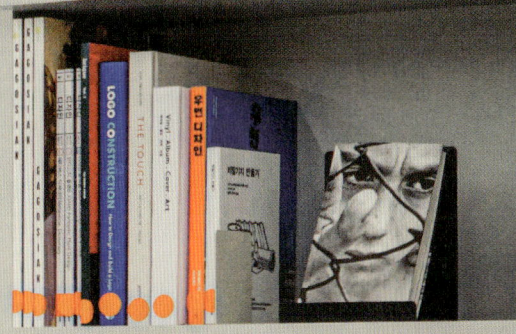

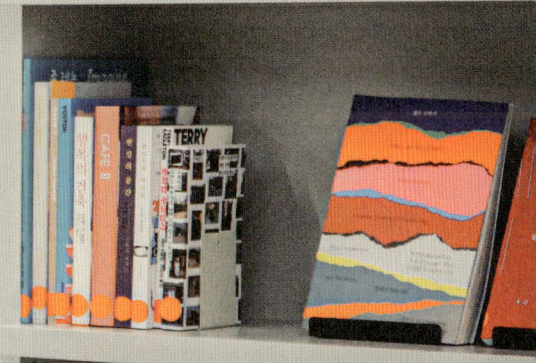

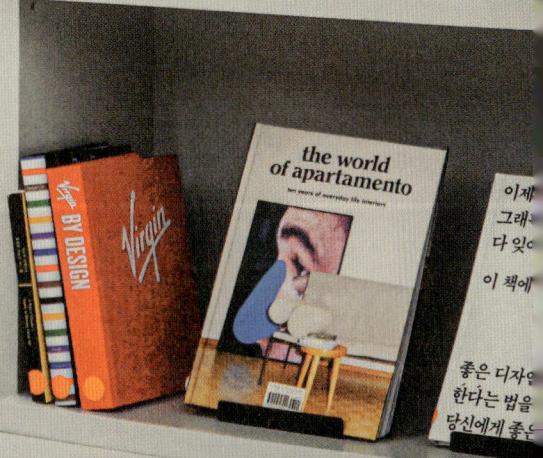

눈이콩' 그리고 봉인된 글라스에 담긴 절임 과일을 보며 703호 입주자(요나 셰프)가 비건 기반의 쉐프라는 것을 알 수 있다. 그 사람의 방은 그 사람의 세계가 맞다.

크리에이터 예진문은 자신의 방을 소개하는 영상 후반부에서 "맹그로브는 가구 맛집이에요."라고 말한다. 이불과 커튼을 고르는 것은 철저히 입주자의 취향에 따르지만, 그 외 기본적인 세팅은 모두 맹그로브의 몫이다. 맹그로브는 유학생 시절 짧게 머무는 공간일지라도 잘 자고 싶어 '잠'을 연구하기 시작한 창업가가 만든 수면 전문 브랜드 '프로젝트 슬립'의 침대와 가구를 빌트인했다. 냉장고와 신발장은 보이지 않는 공간에 수납된다. 방을 벗어나면 층별로 생활에 필수적인 요리, 빨래 등을 위한 공용공간이 있고, 지하 2층 멤버십 전용 라운지에는 따로 또 같이 사용할 수 있는 플렉스룸, 크리에이터스룸, 시네마룸, 릴렉스룸 등이 있다. 요컨대, 맹그로브 입주민들은 이 공간에 머무르면서 무슨 일이든 벌일 수 있고, 해결할 수 있다.

묘목을 심으며 미래의 울창한 숲을 기약하는 사회혁신 비즈니스가 있는가 하면, MGRV처럼 맹그로브가 상징하는 이미지를 도심으로 가져와 주거 솔루션을 제안하는 비즈니스도 있다. 열대 지역에서 자라며 여러 동식물의 보금자리가 되고 지구 온난화를 막아주는 유익한 나무 같은 공간을 서울에서 만나볼 수 있는 것. 물론, 신설동역 8번 출구로 나오자마자 보이는 고층 건물에 걸린 맹그로브 사이니지를 볼 때, 그 열대식물을 단숨에 연상하기란 쉽지 않을지도 모른다. '맹그로브'는 이제 막 도심 속에 뿌리를 내리기 시작했다. 이곳은 주거 문제를 해결하고 싶어하는 밀레니얼 1인 생활자들의 지지를 양분 삼아 앞으로 더 울창하게 자라날 것이다.

맹그로브 **89**

Flex Room 플렉스룸
Relax Room A·B·C 릴렉스룸 A·B·C
Cinema Room 시네마룸
Creator's Room 크리에이터스룸
Coworking & Focus Zone 코워킹 & 포커스존
Toilet 화장실

스토리지 Storage
직원 사무실 Staff Office

맹그로브

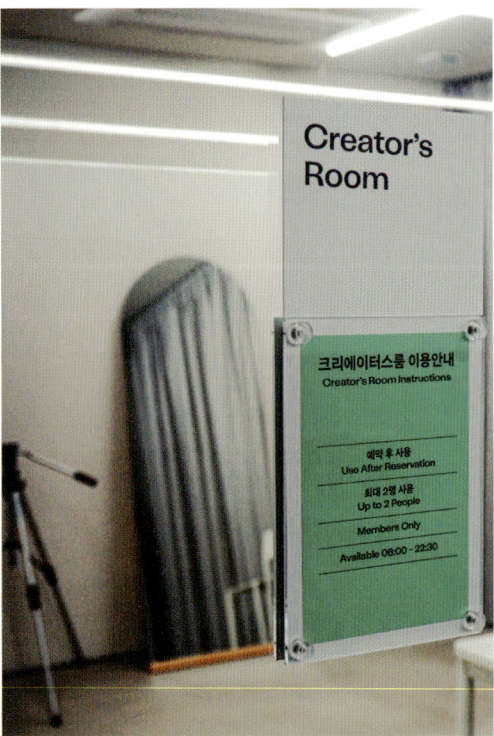

DATA >

맹그로브
데이터로 보는 공간

'코리빙 하우스' 연관어 트리맵

분석 기간
2021.07~2022.07

분석 소스
Blog, News, Facebook, Instagram, Twitter

맹그로브는 2020년 숭인동에 1호점을 오픈하고 2021년 신설점을 오픈하기까지 꾸준히 관심을 받았다. '맹그로브 신설'을 오픈하면서 〈Knock Knock〉 전시를 함께한 덕분인지 검색량이 급증하기도 했다. 새로운 주거 트렌드로 급부상한 '코리빙 하우스'의 연관어를 살펴보면 '맹그로브'가 선두를 차지한 것을 볼 수 있다. 사람들에게 코리빙 하우스의 대표적인 예시로 잘 자리 잡았음을 알 수 있다. 22년 8월 말 동대문점 오픈을 앞두고 있는 맹그로브. 앞으로 또 어떤 형태로 코리빙 문화에 기여할지 귀추가 주목된다.

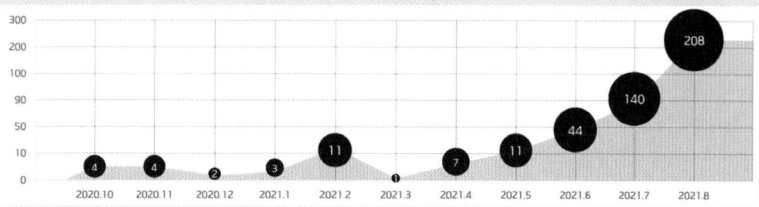

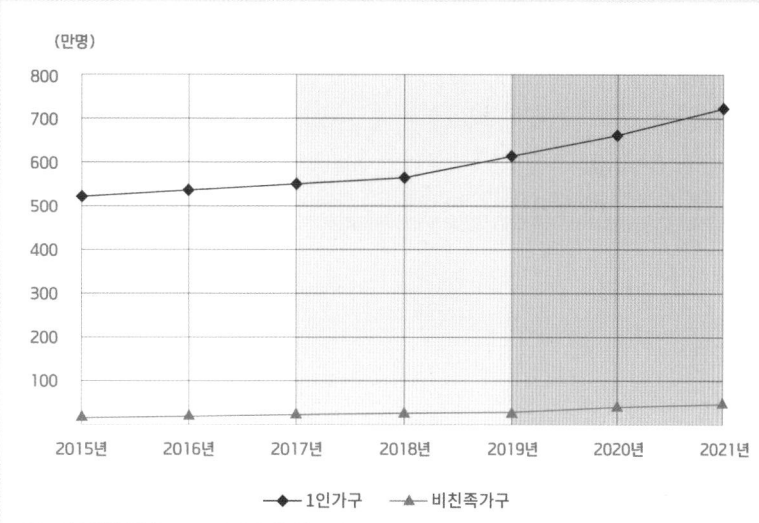

해가 거듭할수록 1인 가구 수는 증가하고 있다. 1인 가구 증가는 경제난, 고령화, 개인주의 확산 등을 이유로 들 수 있다. 그래프를 보면 친족 이외에 친구나 연인 등으로 구성된 5인 이하 비친족 가구도 점점 늘어나고 있는 것을 알 수 있다. 홀로 집을 구하기에는 경제적 부담이 크기 때문이다. 이를 해결하기 위해 셰어하우스, 코리빙하우스가 좋은 대안으로 떠오르고 있다. 최근에는 공유주거 활성화를 위해 건축 용도법이 개정되었다. 국토교통부가 '공유주거'를 정의하는 새로운 건축 기준을 내세운 것이다. 이런 제도적 변화를 통해 공유 주거가 더욱 활성화될 것으로 예상한다.

Wetever & Rotenbaum
웻에버&로텐바움

A 웻에버 : 부산 광안리 해수욕장 인근
   로텐바움 : 전북 전주시 완선구 서학동 예술마을
T 0504-0904-2450
I 웻에버 @wetever_official
   로텐바움 @rotenbaum_official
R 숙박 이용 시 스테이폴리오를 통해 예약 가능

* 웻에버는 2023년 2월부로 영업을 중단하고, 새로운 공간으로 변신 중이다.

STORY >

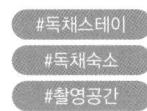

숙소에 머무는 것이 여행이 되는 시대의 숙소 　> By. 김지영 객원 에디터, 이효진 에디터

관광 없이 온종일 숙소에 머무르는 것을 여행이라 칭해도 어색함이 없는 시대다. 한적하고 편하게 머물며 쉬고 싶지만 매일같이 일상을 보내는 집에서는 좀처럼 기분이 나지 않는다. 예고 없이 우리의 삶을 송두리째 뒤흔든 바이러스는 스테이케이션의 유행을 가속화했고, 이 흐름 속에서 숙소라는 카테고리의 공간도 함께 진화했다.

웻에버와 로텐바움, 공간 기획 프로젝트 그룹 27club이 탄생시킨 이 새로운 스타일의 숙소는 우리를 익숙하지 않은 시공간으로 끌어들인다. 부산과 전주의 어느 낡은 공간에 27club이 새 숨결을 불어넣으며 캐릭터와 서사가 더해져 완성한 재생 건축 공간. 숙소로 구분되는 수많은 새로운 공간들이 있지만 이 두 공간이 특별하게 주목받는 이유가 여기에 있을 것이다. 스토리텔링이 있는 공간은 몇 번이고 다시 해석될 수 있으니까.

낯선 시공간으로 통하는 비밀스러운 문

27club을 세상에 알린 첫 프로젝트 웻에버(wetever)는 부산에 있다. 광안리 해변 근처에서 조금만 골목 안쪽으로 들어서면 주변 분위기와는 사뭇 다른 문을 마주하게 된다. 이 문을 열고 가파른 계단을 한 층씩 올라서면 1960년대 미국 볼티모어 바닷가 마을의 어느 집 안이 눈 앞에 펼쳐진다.

비 오는 날이 어울릴 것처럼 축축하게 가라앉은 분위기의 집은 지어진 지 30년 넘은 건물을 재탄생시킨 결과이다. 이 공간은 기예르모 델 토로 감독의 영화 〈Shape of water〉를 핵심 모티브로 한다. 공간의 면적을 넓게 차지하는 청록색의 벽지와 낡은 듯 어두운 색감의

목재 바닥이 공간에 굵은 인상을 준다. 마음에 드는 목재를 찾느라 폐교의 바닥을 뜯어와 일일이 갈아내고 시공한 에피소드는 웻에버 제작기에서 빼놓을 수 없는 에피소드가 됐다.

그리고 2년 뒤, 독일과 프랑스 국경 사이 알자스 로렌 지역의 친구 집에 사진작가 조르그(Zorg)가 잠시 머무르면서 두 번째 공간인 로텐바움의 이야기가 시작된다. 이 집이 물리적으로는 전주 한옥마을 근처 어딘가에 있다는 사실은 잠시 잊어도 좋다. 이 공간에 들어서는 순간부터 당신은 구석구석 세심하게 쌓아 올린 이 이야기에 금세 스며들 테니까.

> Dear Tyson,
> 오랜만에 연락하는 것 같네. 나는 요즘 겨우 집을 구하게 됐어. 알자스 로렌의 리드 스트리트에 말이야. 대문이 아주 멋진 집이야. 사실은 요한이 살던 집이지. 그 친구가 LA로 장기 출장을 가서 내가 그 집에 살게 되었어. 정원과 집을 수리해주는 조건으로. 아주 좋은 조건이지. 좀 멀긴 하지만 자네가 괜찮다면 집 수리를 조금 도와줬으면 하네. 오랜만에 만나서 못한 이야기를 하자고. Zorg*
>
> 출처: @zorg_rotenbaum 인스타그램 계정

어둡게 침잠하는 분위기 속 사색에 빠지는 것이 어울렸던 웻에버와는 달리 로텐바움은 거실과 부엌, 각각의 방과 심지어 욕실까지 벽면을 최대한 활용한 넓은 창을 통해 햇살이 자유롭게 드나드는 것이 어울리는 공간이다. 27club은 웻에버의 경험을 바탕으로 새로 시작한다는 마음으로 재건축에 가까운 대대적인 공사를 진행해 로템바움을 조성했다. 처음부터 끝까지, 아주 사소한 것 하나까지 직접 손이 닿지 않은 것이 없다. 보일러 배관을 깔고 벽을 쌓았다. 오래된 천장을 꼭 살리고 싶어 전부 갈아낸 뒤 앓아 눕기도 했다. 그렇게 27club은 열정과 집념으로 낯선 시공간으로 통하는 비밀스러운 문을 부산과 전주에 냈다.

예술이 넘실대며 흐르는, 완성도 높은 콘텐츠로써의 공간

관객이 해석할 여지를 여기저기 숨겨둔 영화는 볼수록 매력이 배가된다. 27club이 만든 두 공간은 찬찬히 다시 뜯어볼수록 이야기가 더욱 풍성해지는 영화를 닮았다. 콘셉트가 강렬한 두 공간은 마치 잘 꾸며진 영화 세트장 같기도 하지만 누군가가 정말로 살았을 것 같은 실재감을 세세하게 전달한다. 음악, 책, 향 등 공간을 기획하는데 영감을 주었던 요소들이 집 안에 자연스럽게 놓여 공간을 찾은 이들도 이 분위기에 자연스럽게 녹아들게 한다. 시대적 배경과 자신들이 그려내는 콘셉트와 무드를 충실하게 구현해 줄 빈티지 가구들로 공간을 채웠다. 스위치, 잠금장치, 손잡이 등 디테일에서 차별화되는 한 끗이 생긴다.

* 조르그(Zorg)는 27club이 만든 로텐바움의 페르소나인 가상 인물이다.

웻에버와 로텐바움에는 저마다 예술이 넘실대며 흐른다. 벽면을 가득 채운 책이 있고, 빼곡하게 꽂힌 LP와 사운드가 아름다운 턴테이블, 스피커가 있다. 눈 닿는 곳 어디에나 그림과 사진이 있다. 이것들은 이 집에 살았을, 혹은 살고 있을 인물을 입체적으로 상상하게 한다. 로텐바움의 가장 큰 방 책상에 있는 제도기와 건축 관련 서적, 옷장 속 건축도면 같은 것들로 우리는 이 공간에 머물던 조르그의 흔적을 고스란히 느낄 수 있다.

완벽하게 만들어진 허구는 아이러니하게도 자신만의 오리지널리티를 갖는다. 마치 처음부터 그렇게 존재했을 법한, 순수한 결정체 같다. 그래서 방문객으로 하여금 단순한 숙박이 아닌 새로운 형식의, 아주 촘촘히 설계된 세밀하고 밀도 높은 경험을 가능케 한다.

어쩌면 27club이 만든 공간은 숙소라기보다는 그 자체로 완성도 높은 콘텐츠에 가깝다. 웻에버와 로텐바움이라는 자신들만의 색이 뚜렷한 오리지널리티를 가진 콘텐츠를 경험하기 위해 우리는 기꺼이 '여행'에 나선다. 그리고 각자의 방식과 관점으로 공간을 향유할 때마다 한 편의 새로운 영화가 만들어지고, 우리는 낯선 주인공이 된다. 머무르는 내내 어디에서도 쉽게 경험할 수 없는 귀한 시간이 쌓인다.

추신. 27club은 3년간 운영한 광안리 웻에버의 영업을 종료하고, 1960~70년대 요트 콘셉트의 식당을 오픈하기 위해 준비 중이다.

INTERVIEW >

27 Club × the blank

> By. 이효진 에디터, 김지영 객원 에디터

Editor's comment
한 번도 본 적 없는 영화가 공간이 된다면 이런 느낌일까? 웻에버와 로텐바움을 '창조'해낸 27club과의 대화는 한 편의 영화 상영을 마친 후 듣는 감독의 코멘터리 같았다. 젊은 창작자들이 모여 만든 이 공간들은 협업을 통해 만들어낸 하나의 공동 예술작품이다. 27club에서 기획과 디자인을 맡은 한규철, 제작과 시공을 총괄한 손태엽과 이야기를 나누었다.

27club은 어떻게 구성되었고 각자 어떤 역할을 맡고 있나요?

한: 저희 둘은 초중고를 같이 나온 오래된 친구예요. 졸업하고 나서 각각 다른 분야에서 일하면서 함께 살다가 우연히 같이 일을 시작하게 됐어요. 드라마틱한 계기가 있었던 건 아니예요. 요리를 전공해서 관련된 일을 하고 있었는데, 공간을 만드는 일에 더 흥미를 많이 느껴서 시작했어요.

손: 저는 건축사였던 아버지의 영향을 받아 자연스럽게 건축을 전공하고 시공사에서 직장생활을 시작했어요. 그러다가 설계로 방향을 틀고 시골에 내려가서 건축사무소에서 일을 하던 중 공간을 같이 만들어보자는 제안을 받았죠. 저희 둘 외에 촬영과 마케팅 쪽을 맡고 있는 친구를 포함해서 프로젝트 단위로 다양한 밀도로 함께 하는 친구들이 있어요. 모두를 27club의 크루라고 여기고 다양한 형태로 협업하고 결합하는 구조예요.

유연한 방식의 결합도 인상적이에요

한: 일을 대하는 방식도 유연해요. 제가 영화를 만들 듯 공간을 기획한다면 태엽은 공예처럼 공간을 만들고 찬웅이는 마케팅을 사진으로 풀어내는 방식이죠. 특히 느슨하게 일하는 방식에서 네트워크는 큰 힘이 돼요. 친구들이 로고 제작이나 마케팅 등 여러 분야에서 선뜻 도움을 줬어요. 서로의 역할이 필요할 때 흔쾌히 같이 작업하고 크레디트를 함께 가져가는 공동작업물의 형태가 되는 거죠.

부산과 전주에 각각 공간을 만들었는데요. 서울이 아닌 지역을 선택한 이유가 있나요?

한: 막연히 오래된 집을 고쳐보고 싶다는 정도의 생각을 가지고 부산으로 정했어요. 공간을 서울에서 시작하는 것에는 부담이 있었거든요. 서울에서는 모든 게 너무 빠르고 모방도 많이 일어나요. 지역 재생이라는 관점을 생각하게 된 것은 오히려 나중 일이고, 오래된 집을 고치면 예산상 덜 부담스럽게 시작할 수 있을 것 같아서 선택했어요.

손: 부산으로 내려와 여러 군데를 가보면서 위치를

고민했는데 민락동이 마음에 들었어요. 관광지인 광안리와는 다르게 좀 노후한 공간이어서 뭔가 해볼 여지가 많을 것 같았죠. 바닷가와 가까운 위치나 동네 분위기도 마음에 들었어요.

오래된 집을 고치는 과정은 새집을 만드는 것과 맞먹는 노력이 든다고 하는데, 구조 안에서 창의성을 발휘해야 하는 점이 어렵기도 할 것 같아요. 어땠나요?
손: 웻에버는 일단 집을 찾는 데까지도 오래 걸렸어요. 막상 오래된 집을 구하니까 저희 둘 다 전공자도 아니어서 모르는 것도 많았고, 직접 만들어보는 게 처음이라 완성까지 거의 1년 반 이상 걸렸어요. 일단 부딪치고 공사를 하면서 모르는 건 유튜브나 해외 서적을 보고 공부하면서 만들다 보니 시간이 훌쩍 지나가 있더라고요. 특히 로텐바움은 거의 다 부수고 시작해서 정말 재건축에 가까운 작업이었죠.

한: 저는 아무래도 기능보다는 미적인 관점에서 공간을 보는데요. 그러다 보니 우선 도화지를 만들어 놓고 시작해요. 벽 같은 구조물은 다 부수고 새하얀 도화지 위에 스케치를 그리기 시작하는 거죠. 공간의 스토리와 콘셉트 정도를 정한 상태에서 시공을 시작하고 태엽이와 같이 이야기하면서 작업을 진행했어요. 영화 콘티를 짜듯이 장면을 캡처한 내용을 바탕으로 회의에 회의를 거듭하면서 완성된 그림을 함께 맞춰 나갔어요.

Q. 공간의 콘셉트와 스토리가 독특한데 어떻게 기획을 하시나요? 공간을 만들면서 영감을 받은 다양한 콘텐츠들을 공간 이곳저곳에 자연스럽게 녹아 들도록 배치한 것도 인상적이에요.

한: 저는 원래 영화를 하고 싶었어요. 그래서인지 시나리오를 쓰듯이 공간을 만들고 있는 것 같아요. 잠을 자는 숙소이지만 일반적인 숙소 느낌보다는 영화 세트장 같은 느낌을 주고 싶었어요. 누군가 진짜 살 것 같은 집, 그리고 거기에 사는 인물을 상상하며 시놉시스를 쓰죠. 실재하지는 않지만 어딘가 존재할 것 같은 인물이길 바랐어요. 로텐바움에서는 그 대상이 조르그라는 이름을 가지고 조금 더 구체적으로 모습을 드러냈죠. 공간을 구상하면서 써 두었던 텍스트들이 조르그를 이루는 바탕이 되고 있어요.

그런 영감을 구체화하는 과정에서 어려운 점은 없었나요? 잠깐 머무르고 가는 전시장이 아니라 숙박하면서 24시간을 머무는 공간이기 때문에 고려할 점이 많을 것 같아요.

손: 완성도에 있어서 완벽히 만족하기는 힘든 것 같아요. 디테일하게 하려고 하면 그만큼 시간과 자원이 많이 드는 거니까요. 디자인적으로 구현됐으면 하는 것들이 시공할 때는 굉장히 까다로워지는 경우가 있거든요. 예를 들어 창문 전경이 깨끗하고 예쁘게 보였으면 좋겠다고 했을 때 그러려면 방충망을 빼야 하는 거예요. 시공하는 입장에서는 벌레와 공기 순환 문제를 같이 고려해야 하는 거죠. 결로도 신경 써야 하고 보이지 않는 부분까지 신경 써야 하는 것이 많아요. 또 완전히 새로운 것을 구현하겠다고 그림을 가져오면 찾아볼 수 있는 레퍼런스도 없는 거죠.

시공하는 사람 입장에서는 굉장히 불친절한 기획이 될 수 있을 것 같아요. 제작하는 과정이 꽤 까다로웠을 것 같은데요.

손: 저희는 사실 매일 싸워요. 그렇지만 단열이나 일조량 같은 부분을 다 계산하면서 그림을 그릴 수는 없다는 점은 이해해요. 우리에게 공간을 만든다는 것은 예술적인 상상과 기술적인 구현 사이에서 합의점을 찾아 나가는 과정이기도 해요. 얘기를 하다 보면 양측에서 양보할 수 없는 마지노선이 드러나고 그 안에서 협상이 되는 것 같아요.

다른 건물이나 공간이 아니라 예술작품을 레퍼런스로 삼다 보니 따라할 수 있는 대상이 없다는 점이 오히려 27club의 공간을 남다르게 만드는 지점인 것 같아요.

한: 색깔이 독특한 변기나 오래된 라디에이터, 수전, 문 손잡이, 실링팬 전부 해외에서 어렵게 공수한 것들이에요. 아침에 일어나면 제일 먼저 해외 경매 사이트를 확인해요. 보통 한국에는 배송을 안 해주는데, 그럼 이메일로 싸워서라도 받아냈죠. 손잡이 하나는 기껏 힘들게 샀는데 규격이 안 맞아서 계속 가지고 있다가 이번에 로텐바움 대문에 달았어요. 이렇게 가지고 있는 것들이 많은데 언젠가 다 쓸 수 있는 때가 오겠죠?

공사나 운영하는 동안 지역에서 생긴 이야기가 있는지 궁금해요. 지역과의 관계는 어떻게 만들어 가시나요?

한: 웻에버의 경우는 공사하는 건물에 아예 살면서 작업을 하니까 지역과의 스킨십이 특히 더 많았던 것 같아요. 1년 가까이 공사를 하다 보니 주변에 특히 할머니, 할아버지들이 궁금해하시고 자꾸 들여다보시더라고요. 처음에는 멀리서 보시다가 점점 친해지면서 도와주려고 하시기도 했죠. 저는 장사가 잘되고 공간이 인정받는 것도 좋지만 동네 할아버지들이 반갑게 인사해주실 때 정말 기분이 좋고 자랑스러워요.

손: 웻에버 웰컴티로 제공하는 드립백도 공사하는 기간에 알게 된 부산의 카페 브랜드 제품이에요. 전주도 작업할 때, 회의하러 자주 갔던 카페의 원두를 로텐바움에서 쓰고 있죠.

지역에서 공간을 만들면서 가장 어려운 점은 어떤 건가요?

손: 웻에버가 위치한 민락동은 재개발 이슈가 있어요. 그래서 장기계약이 어려운 상황이었는데 건물주분을 열심히 설득했죠. 처음엔 걱정을 많이 하셨지만, 지금은 결과물이나 운영하는 모습을 보면서 응원을 많이 해주고 계세요. 이 주변에도 하나씩 가게가 들어오고 조금씩 무언가 만들어지고 있다는 느낌을 받아요.

재개발이 진행될 수도 있다는 두려움 같은 건 없었나요?
한: 재개발 이야기가 나온지는 사실 오래됐는데, 된다고 해도 10년은 걸릴 것 같아요. 사실 저희는 재개발이 안 됐으면 좋겠어요. 사라져버리면 아까울 것들이 너무 많잖아요. 그런 마음에서 웻에버 같은 공간을 만들어요. 저희가 열심히 만든 공간에 관심을 가지고 찾아 주시는 분들이 생기고, 그러면서 동네 상권이 회복되고 인위적인 재개발 대신 자연스럽게 도시가 살아났으면 좋겠어요. 저희가 처음 오픈했을 때만 해도 골목에 가게들이 많이 없었는데, 지금은 상가들이 많이 들어온 것처럼요.

손: 골목에 새로운 콘텐츠와 브랜드가 계속 들어오면서 재개발에 대항하는 새로운 흐름이 되기를 바라는 마음이 있어요. 가뜩이나 요즘에는 메타버스가 유행하면서 공간도 온라인으로 들어가고 있는데, 그래서 더 아날로그 공간이 필요하다고 느껴져요. 오래된 공간과 도시의 느낌은 확실히 다르잖아요. 저는 구도심과 신도심의 차이도 좀 있어야 한다고 생각하거든요. 아파트가 꽉꽉 들어선 새로운 도심이 필요할 수도 있겠지만, 사람들이 골목골목 걸어 다니며 같이 이야기를 만들어 나갈 수 있는 거리를 지켜내고 싶어요. 그게 저희가 생각하는 이상적인 도시재생인 것 같아요.

그런 점에서 27club이 만든 공간들이 지역재생의 차원으로 연결되는 것 같아요.
한: 어쩌다 보니 지역 재생, 도시 재생 프로젝트라는 말을 듣고 있는데 사실 그런 말들이 어색하기도 해요. 어찌 됐든 그 도시를 좋아하게 만드는 것이 진정한 도시 재생이라고 생각해요. 대신 공공에서 할 수

있는 것과 민간에서 할 수 있는 것의 차이와 한계가 명확하죠. 저희가 할 수 있는 것은 사람들이 우리 공간이 있는 이 지역으로 오고 싶게 하는 것까지라고 생각해요. 저희가 하는 작업을 자꾸 너무 거창하거나 대단한 것으로 생각하지 않으려고 해요. 어쨌든 숙소이기 때문에 그곳에 가면 머물면서 그 도시를 구경하고 즐기다 가게 되잖아요. 저희 덕에 누군가가 부산이나 전주에 오고 싶게 되었다면 그것으로 충분하다고 생각해요.

하나의 공간에서 계속 확장하기보다 여러 지역으로 가는 방향으로 전개하고 계신 건 어떤 의미가 있을까요?
한: 하나의 팀이 한 지역에서 여러 개의 공간을 전개하는 것은 좀 위험해 보여요. 특히나 로컬과 분리된 형태라면요. 저희는 용기 있게 민락동이라는 새로운 땅에 들어가 깃발을 꽂은 것으로 그 지역에서 할 바는 다했다고 봐요. 이후로는 자생적으로 모이고 결합해서 지역의 콘텐츠가 만들어져야 한다고 생각해요. 저희는 또 다른 지역을 찾아서 이렇게 계속 모험할 것 같아요.

손: 지역에서의 연대는 그 안으로 자연스럽게 녹아드는 방식으로 반드시 필요하다고 생각해요. 지역에 처음 들어가게 되면 텃세 때문에 힘들 수 있지만 반대로 그 안에 들어가면 많은 도움을 얻을 수 있기도 하잖아요. 그런 점에서 저희 다음에 오는 팀들은 더 부드럽게 시작할 수 있으면 좋겠어요.

웻에버와 로텐바움을 완공하기까지 지난 2년간 변화하는 자신을 목도했다는 소회를 밝혔어요. 그 변화에 대해서 이야기해주세요.
한: 시야가 많이 넓어진 것. 사실 고양이 사다리도 그렇고, 도시재생이나 상생 같은 키워드들도 처음부터 저희가 의도했던 건 아니었거든요. 그런데 일을 하다 보니 자연스럽게 그런 이야기를 듣게 되고, 저희 관심도 그쪽으로 움직이더라고요. 그러면서 성장하고

깊이가 생기는 것 같아요.

손: 경험을 통해서 배운 것들이 많아졌다는 것. 웻에버를 완공하고 운영하면서 피드백 받았던 것, 실질적인 생활 공간으로서 보완할 기능적인 부분처럼 실제로 운영해보지 않았다면 몰랐을 것에 관한 경험을 익힌 것이 로텐바움 제작에도 도움이 됐어요. 두 공간은 앞으로도 꾸준히 보완하고, 변화도 줄 예정이고요.

27 club과 각자의 다음 스텝은 어떻게 예정하고 있나요?
한: 장기적으로는 생각해 놓은 게 아직 없고, 세 번째 공간을 구상 중인 단계인데 지역으로는 강원도로 가려고 해요. 독채 형태가 아닌, 다른 그룹의 사람들이 같이 머무를 수 있는 구조로. 호텔처럼 각 방은 나뉘어 있되 로비나 주방 같은 것을 공동으로 쓰는 형태죠. 콘셉트로는 중동 쪽에 있는 외교 공관 같은 건물을 만들어보고 싶어요. 제가 군대 생활을 중동에서 했는데 그때 봤던 건물의 느낌을 구현해보고 싶고요. 그리고 궁극적으로는 공간을 이루는 모든 것들이 저희 손에서 태어났으면 좋겠다는 바람이 있어요.

손: 다음 공간은 방법적으로는 리모델링을 넘어 전면적인 리노베이션으로 가고 싶고요. 아파트 대신 저희가 생각하는 공유주택의 모습을 보여드리고 싶어요. 버려진 옛날 모텔이나 유스호스텔 같은 곳에서 이런 것을 구현해보면 어떨까 생각하면서 공간을 찾아보고 있어요. 개인적으로는 가구 제작이나 금속, 가죽 같은 공예 쪽도 배워서 기술적으로 성장하고 싶고요. 기술자들이 모여서 작품으로 말할 수 있는 자리나 프로젝트에 참여해보고 싶어요.

Pioneer, 새로운 로컬리티를 만들다
민락동(광안리)의 오래되고 조용한 주택가에 웻에버가 문을 연 지 2년, 어느새 골목엔 카페와 칵테일바 등 '핫플'들이 생겨났다. 27club은 우리가 눈여겨보지 않았던 곳, 중심지에서 한발 물러나 저물어가던 지역에 과감하게 조명을 밝힌다. '숙소'는 공간의 성질에 따라 필연적으로 주변 상권과 유기적으로 호흡할 수밖에 없다. 흐름으로 보자면 숙소가 잘 되면 주변 상권의 흥행도 자연스럽게 따라온다. 그래서 27club은 용기 있게 선두에 서서 도전장을 내밀고, 새로운 로컬리티를 만들어 나간다. 이들의 다음 행보에 호기심과 기대가 섞인 응원을 보낸다.

DATA >

웻에버&로텐바움
데이터로 보는 공간

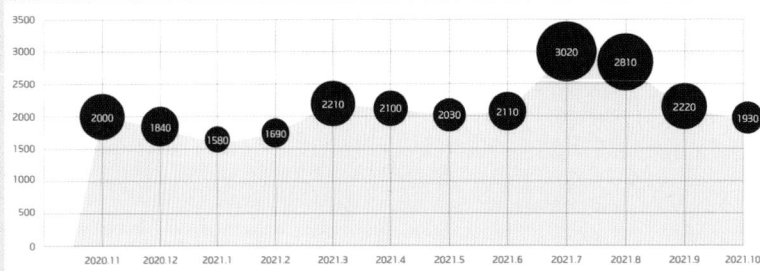

'스테이케이션' 월별 검색량 그래프

분석 기간
2020.11~2021.10

분석 소스
Blog, News, Facebook, Instagram, Twitter

스테이케이션은 머물다(stay)와 휴가(vacation)의 합성어로 휴가철 먼 곳으로 떠나지 않고 집이나 집 근처에 머물면서 휴가를 즐기는 일을 의미한다. 요즘 유행하는 '호캉스'가 대표적인 스테이케이션이라고 볼 수 있다. 바이러스로 실내 생활이 반복되면서 집을 벗어나 새롭고 개인적인 공간에서 휴식을 찾는 사람들이 많아졌다. 코로나19 이전에 비해 스테이케이션의 언급량이 크게 늘어남과 동시에 특히 휴가철인 7, 8월에는 검색량이 급등했다. 펜데믹은 끝이 보이지만 엔데믹이 지속되면서 앞으로 스테이케이션을 향한 관심은 꾸준히 유지될 것으로 예상된다.

'도시재생' 긍/부정어 분석

분석 기간
2020.11~2021.10

출처
Blog, News,
Facebook, Instagram,
Twitter

도시재생의 긍정어와 부정어를 훑어보면 도시재생에서 중요한 키워드가 보인다. '안전'이 가장 중요하고, '적극적'으로 '개선'하기를 바라는 마음이 드러난다. 도시 재생에서 가장 중요한 것은 주민의 참여다. 하지만, '쫓겨나다'라는 부정적 키워드가 보이는 것처럼 실제로 주민을 우선시하지 않는 도시재생이 진행되기도 한다. 27club 인터뷰에서 도시재생이란 "그 도시를 좋아하게 만드는 것"이라는 언급이 있다. 주민들의 안전과 일상을 해치지 않으면서 자연스럽게 도시를 활발하게 살리는 도시재생이 필요한 시점이다.

the blank_뉴스레터
'노란 공간을 보았니? 꿈과 희망이 가득한♬ '편 바로 보기

A Better Place
어 베터 플레이스

A 서울 종로구 삼일대로19길 22 4F
I @abp_seoul
R 숙박 이용 시 스테이폴리오를 통해 예약 가능

STORY >

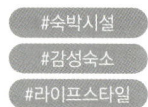
#숙박시설
#감성숙소
#라이프스타일

서울의 내일, '더 나은 곳'을 제안하는 도심 속 스테이

> By. 김예람 객원 에디터

요즘 사람들이 찾아가는 스테이의 면면을 살펴보면 도시 외곽에 위치하거나 자연을 가까이에 두는 경우가 많다. 숙박시설을 방문하는 대부분의 고객이 매일 마주하는 주거와 사무공간에서 벗어나 일상생활에서 얻기 힘들었던 안온함을 느끼고 싶어하기 때문이다. 그렇다 보니 많은 스테이가 투숙객의 요구를 반영하여 번잡스럽고 시끄러운 환경으로부터 멀어지는 것을 우선 목표로 삼기 시작했다. 하지만 이러한 경향과는 맞지 않게 '어 베터 플레이스. 401'(이하 어 베터 플레이스)은 서울 종로의 한 먹자골목에 자리하고 있다. 대중교통으로 편하게 찾아올 수 있는 거리에 있는 편이 교외 스테이보다 투숙객의 휴식 시간을 늘려준다는 판단에서다. 대신 접근성을 택하면 혼잡함과 소음을 얻게 되는데, 어 베터 플레이스를 설계한 유스풀 워크숍(USEFUL WORKSHOP)은 숙소로 오는 과정에 몇 가지 장치를 더해 장소의 단점으로 지적되는 부분을 보완하고자 했다.

속세와의 단절 이후 펼쳐지는 노란 세상

어 베터 플레이스가 위치한 건물 1층에는 곱창 요리 전문점이 자리하고, 그 옆에는 2~3명이 탈 수 있을 정도로 작은 엘리베이터가 설치되어 있다. 엘리베이터에 탑승해서 숙소가 위치한 4층 버튼을 누르면 문이 닫힐 거라 생각하지만, 별도의 비밀번호가 설정되어 있어 아무리 버튼을 눌러도 엘리베이터는 작동하지 않는다. 외부인의 출입을 제한하는 이 버튼은 먹자골목에서 유흥을 즐기던, 초대받지 않은 손님의 방문을 미연에 방지하는 장치이자 숙소를 예약한 사람이 혼잡한 골목으로부터 분리된 세계로 향하는 듯한 기분을 가지게 만드는 매개체다. 투숙객이 호스트에게 미리 안내받은 비밀번호를 입력하고 4층으로 올라가면 회색빛 철문과 본인의 이름이 적힌 사이니지를 마주하게 된다. 무거운 문을 힘껏 열고 들어가면 숙소에 오는 과정에서 경험하지 못한 분위기의 공간이 펼쳐진다.

감성에 기능을 더한 탐미적 공간의 탄생

왁자지껄한 대화와 시끄러운 음악 소리, 휘황찬 란한 네온사인 불빛이 소거된 어 베터 플레이스 는 노란 벽과 붉은 주홍의 바닥으로 마감되어 있 다. '대조되는 경험'을 중요하게 고려한 디자인 스 튜디오의 의도가 잘 묻어난다. 고개를 돌려 주위 를 살펴보면 공간에서 기시감이 느껴진다. 어 베 터 플레이스의 공간 구성이 아파트 평면의 원형 을 디자인의 근간으로 삼았기 때문일 것이다. 이 스테이는 1945년, 건축가 르 코르뷔지에가 전후 복구를 위해 프랑스 마르세유에 설계한 집합 주 거 유니테 다비타시옹과 닮은 구석이 있다. 공통 점은 이 근대식 아파트의 공간 분할에서 찾을 수 있다. 공간을 디자인한 유스풀 워크샵은 유니테 다비타시옹의 장방형 주거 유닛이 슬라이딩 도어 를 통해 상황에 맞게 구분되는 것을 보고 어베터 플레이스의 다이닝과 침실을 구분하는 불투명한 이동식 중문을 만들었다.

모듈러 가구에 신경을 쓴 부분도 두 공간의 유사 점이라 할 수 있다. 어 베터 플레이스의 노란 벽 은 기존 벽체와 맞붙게 설치하는 조립식 가구로, 총 아홉 가지 모듈로 구성되어 있다. 책을 켜켜이 꽂는 책장, 전자제품을 작동시키는 플러그, 스마 트폰을 충전하는 USB 포트, TV에 부속된 HDMI 단자와 랜선을 감추는 보관함, 주방의 냄새를 없 애는 환풍기 등 많은 기능이 노란 벽체에 담겨 있 다. 물건을 옆에서 집어넣고 빼는 구조로 만들어 졌기 때문에 정면이 깔끔하게 정리됐다는 인상까 지 준다. 어 베터 플레이스에는 지난 10월에 진

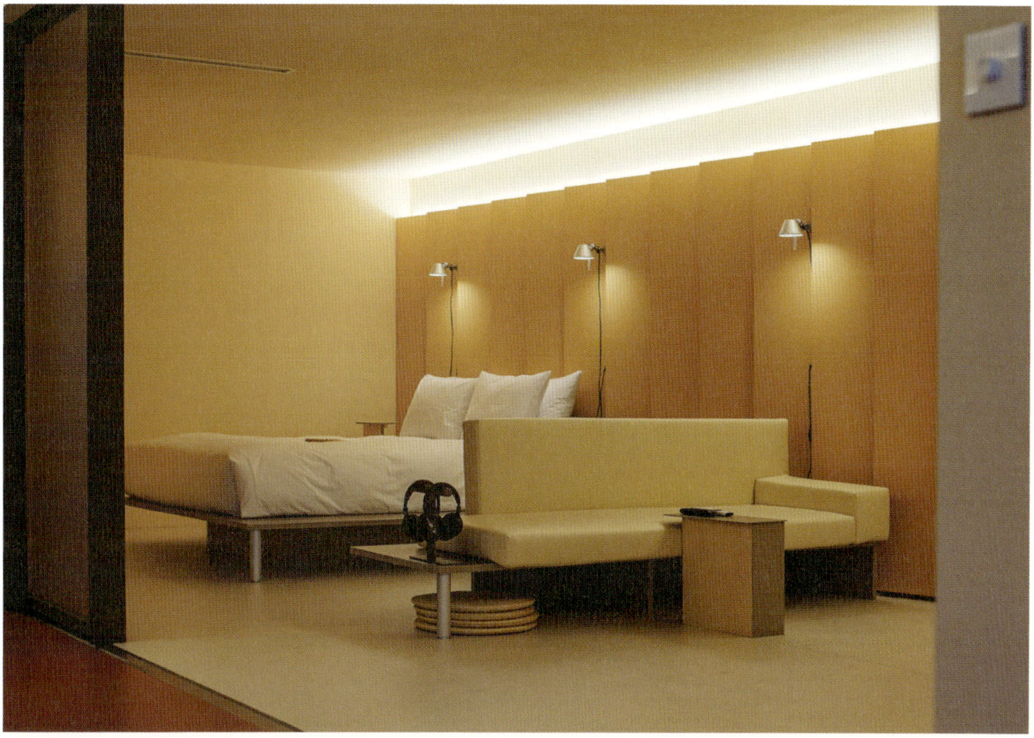

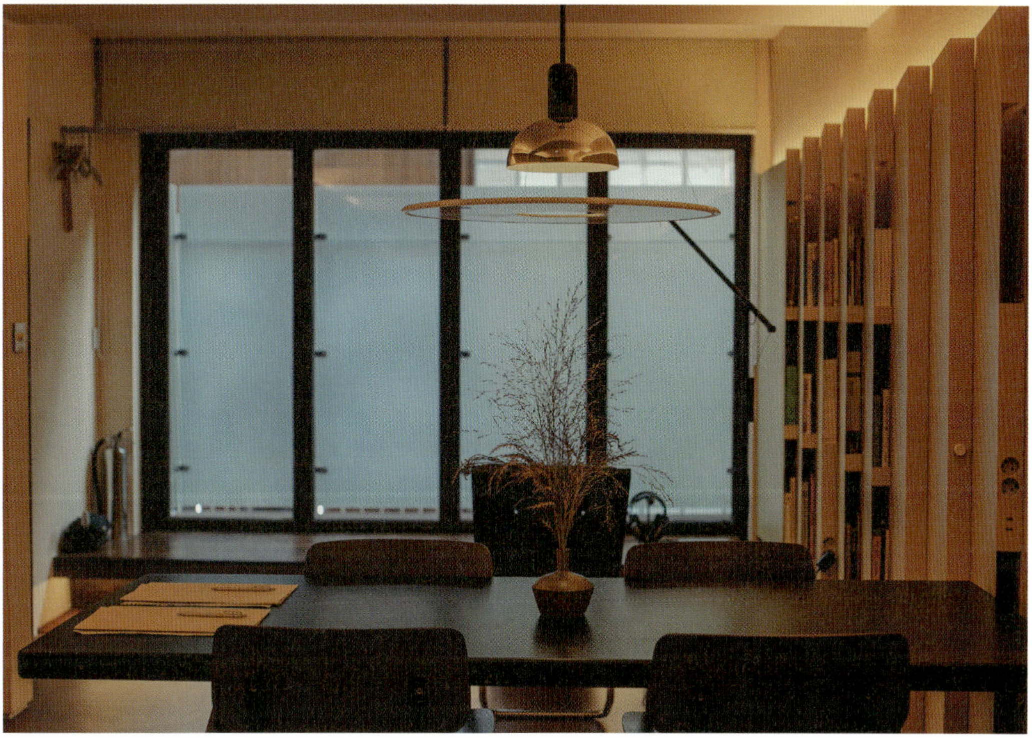

행된 전시 〈집을 위한 물건〉을 위해 제작된 조립식 가구 '테이블 유니온(Table Union)'도 있다. 테이블 유니온은 자작나무 합판을 동그라미, 세모, 네모의 단순한 형태로 절삭하여 만든 가구로, 이동식 사이드 테이블과 티 테이블로 활용 가능하다.

'더 나은' 주거 환경, 미래 지향적 고민

스테이의 세세한 부분까지 직접 디자인한 유스풀 워크숍은 지금보다 더 유용하고 편안한 공간환경을 만들기 위해 스스로에게 질문한다. 특정 시간대에 조도가 자동으로 낮아지고, 별도의 손잡이나 스위치 없이 문이 열리는 아이디어를 내면서 말이다. 그들의 작업은 근미래의 주거를 상상하는 데에서 비롯됐다는 것 말고도, 제안하는 생활 솔루션을 주거가 아닌 숙박시설 안에서 보여준다는 특징을 지닌다. 이상적인 주거환경을 아파트에 본격적으로 적용하기 전에 사람들이 디자인 아이디어를 체험할 수 있는 테스트 베드를 만들어 가능한 많

은 피드백을 수집하기 위한 방법인 듯하다. 현재 유스풀 워크숍은 서울 종로의 유흥골목에서 시작한 어 베터 플레이스를 도시 곳곳에 추가로 마련할 계획을 세우고 있다. 스테이 브랜드의 이름을 변주하며 근미래 주거 시리즈를 이어갈지, 아예 다른 이름으로 새로운 주거 대안을 제시할지는 미지수다.

2020년 11월, 유스풀 워크숍이 오래된 DVD방을 단일 스테이로 개조한 이후 비슷한 공간 비즈니스 모델이 하나 둘 생겨나고 있다. 하지만 그 숫자가 빠르게 늘고 있지는 않다. 방 하나만으로 운영되는 스테이가 숙박시설이 아닌 주거 용도로 불법 사용될 수 있다는 당국의 우려 때문이다. 유스풀 워크숍 역시 어 베터 플레이스를 설계하고 시공하면서 지난한 설득의 과정을 거쳤다고 한다. 대안적 주거를 경험하게 만드는 숙박 서비스가 보편화되려면 관련 제도와 법적 기준의 개선이 필요해 보인다. 그렇게 된다면 어 베터 플레이스를 레퍼런스 삼아 새로운 주거 솔루션을 제공하는 공간 서비스가 생겨나지 않을까?

DATA >

어 베터 플레이스
데이터로 보는 공간

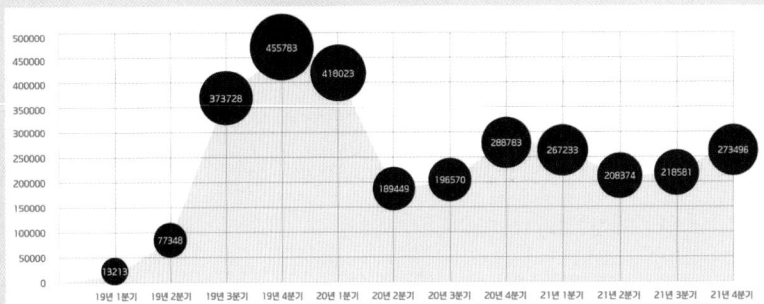

'집콕' 분기별 언급량 그래프

분석 기간
2019.1 ~ 2021.12

분석 소스
Blog, News,
Instagram, Twitter

어 베터 플레이스는 근미래 주거의 상상에서 시작한 공간이다. 우리의 주거 형태는 팬데믹을 겪으면서 어떻게 변화해왔고 앞으로 어떻게 변할까? 이번에는 주거 공간에 관해서 이야기해 보려 한다. '집콕'이라는 단어는 SNS에서 쉽게 발견할 수 있다. '집콕'은 '집에 콕 박혀 있다.'는 뜻으로, 외부 활동을 하지 않고 집안에서 시간을 보내는 것을 말한다. 집콕이라는 단어 언제부터 많이 쓰였을까? 지난 3년 동안 쌓인 집콕의 언급량을 살펴보았다.

집콕은 코로나19 이전부터 사용되던 단어지만 코로나19가 시작된 이후로 급격하게 언급량이 증가했다. 집에 머무는 시간이 늘어날수록 주거 공간을 다양한 용도로 사용하고 싶은 욕구도 늘어나고 있다. '트렌드 코리아 2021'에서는 2021 소비 트렌드 키워드 중 하나로 '레이어드 홈'을 언급했다. 다음 데이터를 통해 자세히 살펴보자.

'레이어드 홈' 연관어 분석

분석 기간
2021.2 ~ 2022.2

분석 소스
Blog, News,
Instagram, Twitter

레이어드 홈은 집이 단순히 주거 공간의 역할을 넘어 다양한 기능이 더해진 공간이 된다는 뜻이다. 실제로 재택근무가 늘어나고 집에서 보내는 시간이 늘어나면서 공간을 분리해 인테리어하고 집안에서 할 수 있는 재미있는 활동이 트렌드로 떠오르기도 했다. 플랜테리어, 데스크테리어, 달고나 커피, 홈 카페 등 작년에 핫했던 키워드들을 보면 집과 관련된 단어들이 많은 것을 알 수 있다.

레이어드 홈 연관어 중 '브이노믹스'는 '바이러스(Virus)'의 V와 '경제(Economics)'를 결합한 단어로 바이러스가 바꿔 놓은, 바꾸게 될 경제라는 뜻이다. 우리는 예전과 달리 집에 들이는 물건에 더 많이 투자하거나 집에서 즐길 수 있는 취미에 관심을 갖는 등 변화해 왔다. 팬데믹이 끝나고 앞으로 엔데믹 시대를 거치면서 바이러스는 우리 삶에 또 어떤 영향을 미칠까?

LCDC SEOUL
엘시디시 서울

Superstitch
슈퍼스티치

hotel theilma
호텔 더 일마

새로운 삶의 방식의 경험,
라이프스타일 공간

the_blank_뉴스레터
'성수동에 펼쳐진 커다랗고 아름다운 동화책'편 바로 보기

LCDC SEOUL
엘시디시 서울

A 주소 서울 성동구 연무장17길 10
T 02-3409-5975
I @lcdc.seoul

STORY >

저마다의 이야기를 가진 브랜드들이 모여있는 복합문화공간

> By. 김지영 객원 에디터

2021년 12월, 성수는 다시 한번 술렁였다. 80여 년의 전통을 가진 캉골의 역사를 새로운 방식으로 확장하며 입지를 다진 패션 브랜드 SJ그룹이 처음으로 만든 복합문화공간 때문이다. 12월 한 달 동안에만 3만 2천 명이 4층 규모, 500평짜리 플래그십 스토어 LCDC SEOUL을 찾았다. 인파로 북적이는 골목에서 살짝 비켜난 외곽 골목을 걷다 보면 어슴푸레해진 하늘 아래 조용하게 새어 나오는 노란 불빛, LCDC의 심볼이 된 회색 건물 위 네온 사인을 만날 수 있다. 크고 작은 공장들 사이로 하루가 멀다 하고 트렌디한 공간들이 들어서는 성수지만 이곳을 방문한 사람들은 바로 LCDC를 보기 위해서 성수동 중에서도 구석진 이곳으로 오는 비중이 높다는 얘기다. 클릭 한 번으로 수많은 브랜드와 브랜드 사이를 쉽게 오가며 탐색할 수 있는 디지털 시대에 왜 사람들은 굳이 문 밖으로 나와 이 구석진 곳으로 발길을 옮겼을까?

호기심을 불러일으키는 이야기의 창

거친 질감의 회색 콘크리트로 만들어진 직사각형 곽 형태의 건물들이 레고 블록처럼 쌓여 있는 곳에 당도한 우리에게 주어진 힌트는 창문 속 풍경이다. 벽처럼 막힌 회색 콘크리트 건물의 내부는 보이지 않지만 건물 사이 삼각형 모양으로 패인 틈을 가득 채운 창문으로 1층과 2층의 일부가 보인다. 마치 쇼케이스처럼 전시된 공간의 조각이 호기심을 자아낸다.

LCDC는 SJ그룹이 새롭게 런칭한 패션브랜드 르콩트드콩트 'Le Conte Des Contes'의 약자다. 프랑스어로 '이야기 속의 이야기'라는 뜻인 이 이름은 이탈리아 시인 Giambattista Basile가 낸 동명의 이야기책의 제목에 착안했다. 각각의 단편이 모여 하나의 이야기책이

EPHEMERIST
EPHEMERIST

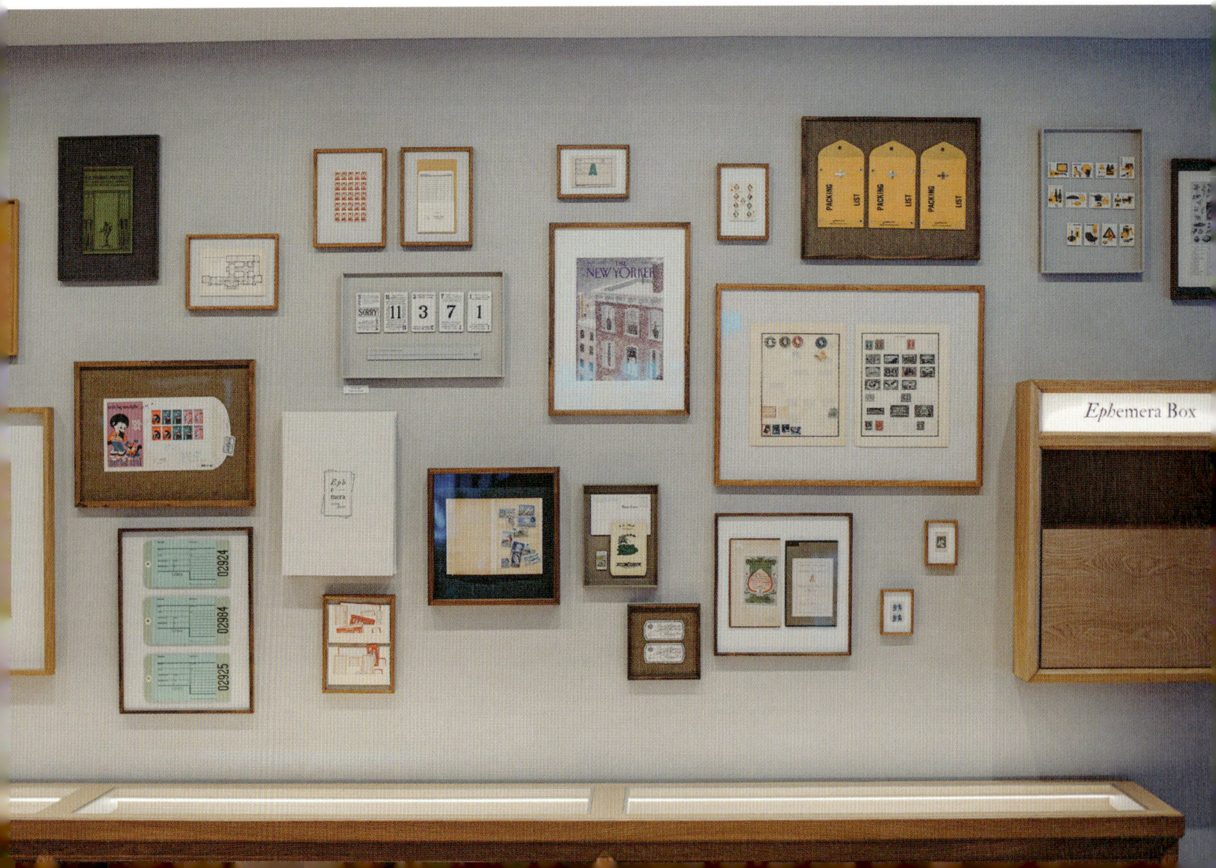
PACKING LIST
PACKING LIST
PACKING LIST
THE NEW YORKER
SORRY 11 3 7 1
02924
02984
02925
Ephemera Box

만들어지듯 각기 다른 스토리를 가진 브랜드가 모여 새로운 이야기를 펼치는 공간으로 기획됐다. 르콩트드콩트 로고에 그려진 토끼는 이야기의 안내자를 뜻하기도 한다.

이상한 나라의 앨리스가 토끼를 따라 새로운 이야기가 펼쳐지는 세계로 발을 들이는 것처럼 건물 사이로 살짝 숨겨진 입구로 들어서면 먼저 뻥 뚫린 공터와 이를 둘러싼 세 개의 건물을 만나게 된다. 막 이야기의 세계에 발을 들인 당신은 어디부터 가야할 지 고개를 갸우뚱할지도 모른다. 원래 자동차 공업사로 쓰였던 건물과 부지에 만들어진 LCDC SEOUL은 A, B, C 총 세 개의 동이 각기 다른 높이로 어깨를 맞대고 있으며 층별로 다른 브랜드들이 들어와 각각의 분위기를 연출한다.

층층이 쌓이고 겹쳐진 공간과 입체적인 이야기의 세계

이 공간에 LCDC가 둥지를 튼 것은 우연한 계기에서 비롯되었다. 7개월여에 걸친 브랜딩 회의 끝에 '이야기 속의 이야기'라는 컨셉을 도출한 후 운명처럼 지금의 공간을 소개받은 것이다. 부지의 넓은 마당은 상상에 새로운 전환을 주었다. 새로운 건물을 한 동 지어 외부 공간과는 단절시키는 담처럼 만들고 이를 기존 건물 두 동과 연결하면서 마당을 중정으로 바꾸었다. 천장을 뒤덮고 있던 천막을 걷어내니 건물의 벽을 액자 삼아 푸른 하늘이 담겼다. 건물과 건물 사이가 만들어내는 틈의 공간은 LCDC의 독특한 인상을 만들어내며 이야기가 입체적으로 쌓이도록 한다. 자동차 정비소 시절의 이야기는 지나갔지만, 그 틈으로 새롭게 들어온 이야기가 구석진 성수의 골목에 불을 밝힌다.

공간의 변화는 이야기의 전환을 보여주는 가장 효과적인 장치다. 나도 모르게 책장이 넘어가는 흥미진진한 동화책처럼 LCDC의 공간은 이음새가 느껴지지 않을 만큼 매끈하게 페이지를 넘기게 한다. 넓은 창으로 빛이 쏟아지는 따스한 분위기의 카페 Ephemera에서 조용하지만 소란스럽게 말을 걸어오는 여행 관련 수집품 사이를 한가하게 헤매다 보면 거친 질감의 철판으로 만들어진 이질적인 분위기의 계단을 만난다. 이 나선 모양의 계단을 따라가면 우리는 순식간에 완전히 다른 공간으로 빨려 들어간다.

연이어 당도한 회색의 공간에는 SJ그룹이 새롭게 런칭한 패션 브랜드 르콩트드콩트가 자리 잡고 있다. 경계 없이 펼쳐지는 1,2층의 공간을 지나 3층에 도착하면 이번엔 좁은 복도를 맞이하게 된다. 8-90년대의 학교나 오래된 여관의 복도를 연상시키는 이 층의 이름은

Doors이다. 복도를 걸으며 양쪽으로 늘어선 방문을 열 때마다 새로운 브랜드의 이야기가 펼쳐진다. 이곳에는 라이프스타일 브랜드 오이뮤, 문구 브랜드 Yoanna, 편지 가게 글월, 수제 비누와 향 브랜드 한아조, 셀렉트마우어, 이예하(YIYEHA)까지 오감을 자극하는 공간에 자신만의 세계를 구축한 스몰 브랜드 6곳과 1개의 팝업 공간이 우리를 새로운 이야기로 유혹한다.

공간과 브랜드에 생명력을 불어넣는 작은 이야기들의 힘

성냥팔이 소녀가 성냥을 하나씩 켤 때마다 새로운 환상이 나타나듯, 문을 열 때마다 나타나는 작고 완전한 세계는 일상의 지루함에서 달아날 수 있는 도피처이자 그 자체로 설레는 동화이다. 이 이야기의 세계에서는 얼마든지 길을 잃어도 좋다. 여정의 곳곳에는 주의 깊게 공간을 탐구하는 자만이 발견할 수 있는 디테일들이 가득하기 때문이다.

LCDC SEOUL의 브랜딩 총괄을 맡은 김재원 디렉터는 오르에르, 포인트오브뷰 등 작지만 단단한 세계를 구축한 다양한 브랜드와 이미 이야기를 만들어낸 바 있다. 그런 그가 이 이야기의 마을을 구상할 때 Doors 층에는 무엇보다 스스로 이야기를 계속해서 만들어낼 수 있는 브랜드를 우선순위로 고려했다. 이야기와 이야기가 만나면 새로운 이야기가 탄생한다고 믿기 때문이다. 이야기가 있는 세계는 자가 증식한다. 멋진 이미지를 보여주는 브랜드는 계속해서 바뀌지만 소비자의 기억 속에 이야기로 자리 잡은 브랜드는 사라지지 않는다. 스스로 살아 움직이며 계속 변화하기 때문이다.

단순히 필요한 것은 인터넷에서 모두 구할 수 있는 시대에 고객은 이제 내가 무엇을 원하는지, 어떤 새로움을 발견할 수 있을 지조차 알지 못한 채로 우연한 발견을 위해 여행을 떠난다. 단순히 멋진 것을 보여주는 것만으로는 브랜드가 주목받기 어려운 시대에 LCDC는 아직 아무도 열지 않았던 가능성의 문을 열었다. 크고 작은 이야기로 쌓아 올린 한 권의 동화책 같은 공간은 새로운 이야기를 갈구하며 설레는 마음으로 토끼를 따라온 우리들을 또 하나의 흥미로운 세계로 초대한다.

INTERVIEW >

LCDC SEOUL
총괄 아트디렉터 김재원 대표 × the blank

> By. 이효진 에디터

시인 잠바티스타 바실레의 이야기 모음집 [이야기 속 이야기]의 앞 글자를 따와 LCDC라는 이름이 탄생했다고 들었어요. 그렇다면 LCDC만의 이야기는 무엇인가요? 어떤 이야기를 쓰고 어떤 이야기를 전하기 위해서 시작한 공간인가요?
저희가 기획한 '이야기 속의 이야기'라는 뜻의 패션 브랜드는 'Le Conte Des Contes'의 앞 글자를 따와 LCDC를 기획했어요. LCDC 만의 이야기가 정해져 있는 것은 아니에요. 이야기들이 살아 숨 쉬는 공간에 사람들이 함께 와서 이야기들이 쌓여 나가고 또 다른 이야기가 만들어지겠죠. 작품의 완성은 독자를 통해 이루어진다는 말처럼, 저희가 시작한 이야기가 이곳을 방문하는 분들의 이야기로 완성되어 나가는 모습을 기대하며 시작한 공간이에요.

콘텐츠의 힘을 바탕으로 많은 것을 시도하는 브랜드를 선별하셨다고요. 과장을 조금 보태자면 거의 모든 브랜드가 브랜디드 콘텐츠, 콘텐츠 마케팅을 하고 있잖아요. 그 가운데서도 LCDC에서 어떤 구체적인 기준으로 브랜드를 선정했는지 궁금해요. LCDC의 관점으로 바라보는 입점 브랜드 전체를 아우르는 공통점과 각 브랜드의 개성도요.
우선 LCDC SEOUL은 공간 브랜딩을 통해 탄생한 공간 플랫폼이라 부르고 있어요. '복합문화공간'이라고 하면 아무래도 상업적 공간과 문화 공간을 함께 만들었다는 부분에 비중이 실린다면, 이 '공간 플랫폼'이라는 개념은 '이야기'라는 콘셉트에 기반해 온/오프라인 공간의 개념을 확장하는 의미가 강하다고 의식해요.

공간 MD도 브랜드 콘셉트 – 공간 콘셉트 – MD 콘셉트로 이어지게 구성했고, 이러한 기획에 따라 오리지널 브랜드들과 참여 브랜드들을 정리하고 배치했어요. A동 1층 카페 이페메라, 2층 패션숍 르콩트드콩트, 3층 도어스(플로우 및 팝업 공간)와 4층 바 피에스, 그리고 B동 팝업 공간 DDMMYY까지 LCDC SEOUL에서 기획하고 운영하는 오리지널 브랜드예요.

단순히 상업 공간만 생각했다면 테넌트(세입자)를 계속 바꾸는 일반적인 방식을 따랐겠지만, 무엇보다 끊임없이 지속적으로 보여줄 수 있는 '콘텐츠 × 콘텐츠' 구성을 전개하고자 했어요. 또한 A동 3층 도어스의 6개, C동의 1개의 입점 브랜드는 LCDC SEOUL의 '이야기 속의 이야기'라는 콘셉트에 맞게 모두 각자의 특색 있는 이야기를 하는 브랜드예요.

공간 콘텐츠에 힘이 생기려면 콘텐츠를 유지할 수 있는 생명력을 불어넣고 확대 재생산할 방법이 필요해요. 그래서 단순히 화제성을 가진 핫플레이스가 아니라 콘텐츠의 꾸준한 힘을 바탕으로 많은 것을 시도하는 브랜드를 선별했어요.

처음엔 60평 규모의 편집숍으로 계획되었다는 인터뷰를 봤어요. 그런데 실제로는 연면적 500평에 A/B/C 3개 동으로 꾸려졌죠. 이야기로 치자면 단편소설이 대하소설이 된 것 같은 확장인데, 어떤 과정과 사연을 거쳐서 이렇게 규모가 커지게 되었는지 궁금해요.

프로젝트의 초반에 우리 삶의 '여정'과 '이야기 속의 이야기'라는 콘셉트의 '르콩트드콩트'라는 패션 브랜드를 만들었고, 이 브랜드를 위한 공간이 지금의 LCDC의 공간으로 선정되면서 프로젝트가 지금의 규모까지 확장되었어요. 초반에 잡아 두었던 브랜드의 탄탄한 철학과 이야기를 기반으로 개념을 확장해서, 더욱 다양하고 입체적인 콘텐츠가 담긴 공간 플랫폼으로 거듭날 수 있었던 것 같아요.

LCDC가 사람들에게 '기능적'으로 어떤 공간이기를 바라시나요? 정서적으로는요?

LCDC를 오픈하고 공간에 관한 다양한 의견들이 쏟아져 나왔는데, 그중 공감이 된 후기가 있었어요. LCDC SEOUL을 '휴머니즘이 녹아 있는 공간'이라고 표현하는 말이었는데요. 사실 자본의 논리로 돌아가는 상업 공간과는 잘 맞지 않는 듯하지만 굉장히 공감이 되었어요. 이제는 오프라인 공간이 단순히 물건을 사고파는 공간은 아니니까요. 저는 브랜드가 제안하는 경험 요소들을 통해 사람들이 진심으로 기쁨을 느끼고, 각자의 이야기를 만들어가거나 긍정적인 자극을 받아 가기를 바랍니다. 그래서 LCDC에서는 온라인에서는 경험하기 어려운 사람 대 사람으로 전할 수 있는 마음과 이야기를 브랜드 경험에 녹일 수 있도록 노력했던 것 같아요.

"여행자를 위한 복합 콘텐츠 공간"이라고 삶을 여행에 빗대 표현하신 것을 봤어요. 여행이라는 키워드를 잡으신 이유가 있나요? 그 키워드를 공간 전체에서 어떻게 풀어내시는지 궁금해요.
LCDC SEOUL은 다양한 이야기를 하는 브랜드들이 모여 있는 공간이에요. 여기를 방문하는 사람으로 하여금 여행하는 것처럼 즐길 수 있는 공간, 콘텐츠가 있는 공간을 만들어보고자 했어요. 소비자가 브랜드를 만나는 과정을 '여행'이라는 개념을 넘어 하나의 '여정'이라는 콘셉트로 접근한 공간인 거죠.

정식으로 오픈도 하기 전부터 이미 큰 기대와 관심을 받았어요. 무엇 때문이었다고 생각하세요? LCDC를 특별하게 만드는 차별점에 대해서 내부적으로는 어떻게 생각하시는지 궁금해요.
공간을 기획할 때 가장 중요하게 생각한 부분은 '이야기 속의 이야기'라는 대전제 아래 모든 것이 구성될 수 있도록 마스터플랜을 만드는 것이었는데요.

여러 단편 소설들이 모여 하나의 단편집을 이루듯, 공간을 이루는 이야기들이 만나서 새로운 이야기를 만들어 나간다는 의미가 있는 공간을 만드는 콘셉트에서 시작했어요. 그래서 어떤 스튜디오의 어떤 디자이너와 어떤 브랜드와 어떤 공간을, 어떤 시각물을, 어떤 제품을, 어떤 콘텐츠를 만들게 되든지 그 안에 집약되고 또 깊이 있는 '이야기 속의 이야기'를 생산해야 했죠.

이야기가 시작되기 위해서는 '이야기의 소스'와 '구현하는 작가'가 필요해요. 각 동, 각 층의 콘텐츠와 공간을 누구와 함께 만들면 가장 풍성한 이야기를 만들 수 있을지 고민한 끝에 자신만의 어투와 문체를 통해 저희가 기획한 이야기의 소스로 멋진 이야기를 만들어 줄 수 있는 크리에이터들을 섭외했어요. 또한 LCDC SEOUL을 기획하기 전 수개월간 기획한 브랜드 '르콩트드콩트'를 만든 과정에서 접한 '단편과 장편, 액자식 구성, 옴니버스 구성, 직렬과 병렬식 구성'같은 이야기의 구조를 많이 활용하려고 했어요. 같이 일할 사람을 선정하고, 층별 구조를 짜고, 테넌트를 섭외하고, 인테리어 디자인을 하는 등 LCDC SEOUL을 만드는 모든 과정의 일들이 이 구조와 철학 아래 행해졌습니다.

그리고 결국에는 우리가 만들어 가는 이 이야기가 결말이 정해져 있는 것이 아니라 독자들, 즉 이 공간을 즐기는 모든 이들과 함께 '열린 결말'로 계속해서 이어지기를 바라죠. 그게 LCDC SEOUL 프로젝트가 궁극적으로 추구하는 바예요.

자동차 수리점과 신발 제조 공장을 리모델링한 재생 건축물이에요. 창문이 있던 자리를 그대로 살려 둔 채로 막아 놓은 것이 특히 인상 깊었어요. 과거의 흔적을 남기거나 덮는 기준이 있나요?

리노베이션 건축이라는 면에서 기존의 건물을 남기고 리노베이션을 한 A동과 B동, 그리고 신축 건물 C동을 하나로 묶어주는 역할을 하는 중정 스퀘어에 주목하면 좋을 것 같아요. 이 스퀘어가 흩어져 있는 '각 층과 실 – 중정 – 환경'의 맥락을 관통하는 만남의 장을 만들어내도록 기획했어요. 공간이 지닌 볼륨과 각기 다른 성격, 수평적 통일감은 수직적 위계질서를 무너뜨리고 어느 한쪽의 독점적인 우월함이 없이 하나의 세계관을 지니게 하죠. 공간을 둘러싼 틀은 통일감을 이루며, 상호 경계를 넘나드는 개방감을 제안했어요. 또한 외부에서 보이는 A동의 외벽은 기존의 조적 벽면을 살렸고, B동의 외벽은 모르타르 질감의 노출 콘크리트 연출 마감을 채택했어요. 그리고 A동, B동 모두 과거 창호의 자리를 콘크리트로 메꾸어 기존의 구조를 박제했는데요. 기존에는 따로 존재하던 A동과 B동 사이에 통일감을 만들어 내면서도, 원래 지니고 있던 각자의 모습을 담고자 했어요.

다양한 지역으로의 확장을 염두에 두고 LCDC SEOUL이라 이름 지으셨다는 이야기를 보았어요. 그렇다면 첫 번째 지역인 '성수'는 LCDC에게 어떤 의미인가요? 여러 지역에서 러브콜도 많이 받고 계실 것 같아요. 두 번째 LCDC로 염두하고 계신 지역이 있나요?

성수동을 지도에서 보면 성수동을 크게 가로지르는 연무장길이 길게 나 있어요. 연무장길을 크게 서쪽과 동쪽으로 나눠서 구분하고 있는데요. 연무장길 웨스트는 작은 규모이기는 하지만 밀도 있는 이야기를 가진 다양한 브랜드가 생겨나 재밌는 장소로 발전되고 있죠. 그런데 LCDC가 위치하는 연무장길 이스트는 아직 이렇다 할 움직임이 크게 없어서 그쪽에도 뭔가 재미있는 브랜드들이 생겨나길 바랐어요. 이 공간을 기점으로 연무장길 이스트에도 다양한 이야기가 펼쳐진다면 더 재미있겠다고 생각한 거죠. 솔직히 연무장길 이스트의 발전이 더 기대돼요. 이 거리를 한번 돌아다녀 보시면 아시겠지만, 기존에 쉽게 볼 수 없는 큰 규모의 건물들이 많아 앞으로 이색적인 거리가 만들어질 거라 생각해요.

그리고 공간의 위치를 선정할 때는 '그 공간이 말하고자 하는 메시지와 이야기를 잘 표현할 수 있는가?'도 중요하지만, 그와 함께 맞아떨어져야 하는 여러 가지 현실적인 조건들이 있어요. 그래서 앞으로 어떤 지역에 어떤 모습의 LCDC를 구성할지는 아직 고려해야 할 점들이 많이 남아있는 것 같아요.

새로운 삶의 방식의 경험, 라이프스타일 공간

LCDC 서울

DATA >

LCDC SEOUL
데이터로 보는 공간

'LCDC' 연관어 트리맵

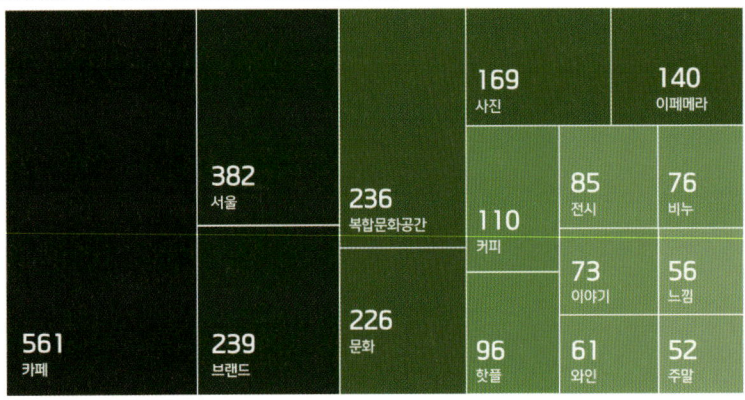

분석 기간
2022.1 ~ 2022.3

분석 소스
Blog, News, Instagram, Twitter

LCDC SEOUL은 사람들에게 어떤 공간으로 인식되었을까? 런칭 후, 3개월간의 연관어를 분석했다. 1층부터 4층까지의 공간들을 상징하는 키워드들이 대부분을 차지하고 있다. 와인바부터 편집숍까지 다양한 유형의 공간과 브랜드를 가지고 있는 복합문화공간으로 자리 잡은 것을 알 수 있다. 가장 많이 보인 '카페'라는 키워드는 다음 데이터에서 자세히 다루었다. 세 번째로 많이 보이는 '브랜드'는 3층에 위치한 Doors의 영향인 듯하다. 3층 Doors에는 국내 로컬 브랜드들이 많이 입점해있다. LCDC SEOUL이 하나의 플랫폼이 되어 색다른 로컬 브랜드들을 만날 수 있는 공간의 역할을 하고 있다. 또한, 팝업 공간에서 더 많은 브랜드와 콘텐츠를 보여주고 있는데 앞으로 어떤 이야기를 확장해갈지 무척 기대된다.

'복합문화공간' 연관어 순위 변화

#복합문화공간 연관어

2022년 1월		2022년 2월		2022년 3월	
문화	930	카페	947	문화	392
카페	891	문화	882	카페	207
전시	458	전시	481	서울	180
서울	398	서울	330	갤러리	141
예술	289	작품	274	인테리어	134
운영	246	커피	257	직원	128
규모	241	사진	230	브랜드	128
작품	204	음료	209	전시	125
지역	195	지역	207	시민	118
도시	195	예술	204	지원	117

분석 기간
2022.1 ~ 2022.3

분석 소스
Blog, News, Instagram, Twitter

사람들이 생각하는 복합문화공간은 무엇일까? '복합문화공간' 키워드와 함께 많이 언급된 단어들을 가져왔다. 문화/전시/예술 등의 키워드와 함께 '카페'가 상위권을 차지하고 있다. 비슷한 유형의 공간들을 조사해보니 대부분 커피전문점을 함께 운영하고 있었다. 복합문화공간에서 카페는 빼려야 뺄 수 없는 감초 같은 존재이다. 커피야말로 사람들의 삶과 문화와 밀접하게 연관되어 있기 때문이다. 라이프스타일을 제안하고 판매하는 브랜드와 공간들은 커피 브랜드와 함께 협업을 진행하기도 하고, 카페를 직접 운영하기도 한다. 스타벅스도 리저브 매장과 커피를 통해 새로운 도시 라이프스타일과 공간 경험을 제안하고 있다.

복합문화공간을 이용하는 사람들은 카페를 소통의 장으로 이용한다. 다양한 볼거리를 보고 나서 카페에 앉아 후기를 나누곤 한다. 카페가 하나의 커뮤니티가 되는 것이다. LCDC SEOUL은 건물 내부의 원형 계단을 통해 공간 이용자들이 다른 공간에서 1층 카페 이페메라로 이동할 수 있게 되어 있다. 2층에서 옷을, 3층에서 소품을 구매하고 나서 자연스럽게 카페로 올 수 있도록 말이다. 이로써 각 층의 이야기가 연결되고 확장되도록 하는 동시에, 기능적으로는 공간 이용자들의 동선을 주도할 수 있다. 복합문화공간 내 카페는 흔한 구성이지만, 이런 장치는 LCDC SEOUL만의 치밀하고 섬세한 기획을 보여준다.

superstitch
슈퍼스티치

A 주소 서울 마포구 잔다리로 118
T 010-9509-0084
I @superstitch_seoul

STORY >

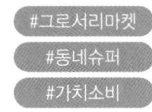

낯설고 특별한
신개념 생활밀착형 그로서리 마켓

> By. 김지영 객원 에디터, 이효진 에디터

동네슈퍼가 이렇게 힙하다고? 신개념 동네슈퍼를 표방하는 슈퍼스티치

코로나19는 우리를 다시 동네의 익숙한 풍경 속으로 데려다 놓았다. 근처 시장에 장 보러 간 김에 빵집, 반찬가게, 커피숍을 두루 들르는 예전의 생활반경으로 들어오면서 온라인 마켓, 대형마트의 존재감으로 밀려났던 동네슈퍼가 새로운 주목을 받고 있다. 그러나 아마도 짐작건대 "슈퍼스티치"의 "슈퍼"가 우리가 일반적으로 떠올리는 슈퍼마켓의 그것이라고 생각하는 사람은 많지 않을 것이다. 이 낯설고 새로운 공간에는 'OO슈퍼' 같은 큼직하고 정직한 간판을 달고 문 앞에 아이스크림 냉장고와 과일 등 물건을 가득 쌓아 둔 전형성이 없다.

넓은 전면 통창 너머 한쪽에는 컬러풀하고 감각적으로 디스플레이 된, 언뜻 봐도 다양한 카테고리로 보이는 물건들이 진열되어 있고, 다른 한쪽에는 미드 센추리 모던 인테리어의 테이블과 의자가 창가와 나란히 자리하고 있다. 슈퍼스티치는 지역과 크리에이터를 위한 코워킹, 코리빙 공간을 만드는 브랜드 로컬스티치가 '새로운 동네슈퍼'를 표방하며 런칭한 동네 생활밀착형 그로서리 마켓이다. 더 정교하고, 뾰족하고, 다채로워지는 취향 기반의 소비 트렌드에 새로운 시도를 얹어 탄생했다.

선명하고 뾰족하게, 취향 있는 1인 가구를 위한 색깔 있는 큐레이션

오늘 아침 주문한 물건이 오늘 밤에 받아보는 세상, 몇 번 클릭만으로 내가 원하는 물건을 가장 저렴하게 살 수 있는 세상에서 오프라인 동네슈퍼가 갖춰야 할 매력과 미덕은 무엇일

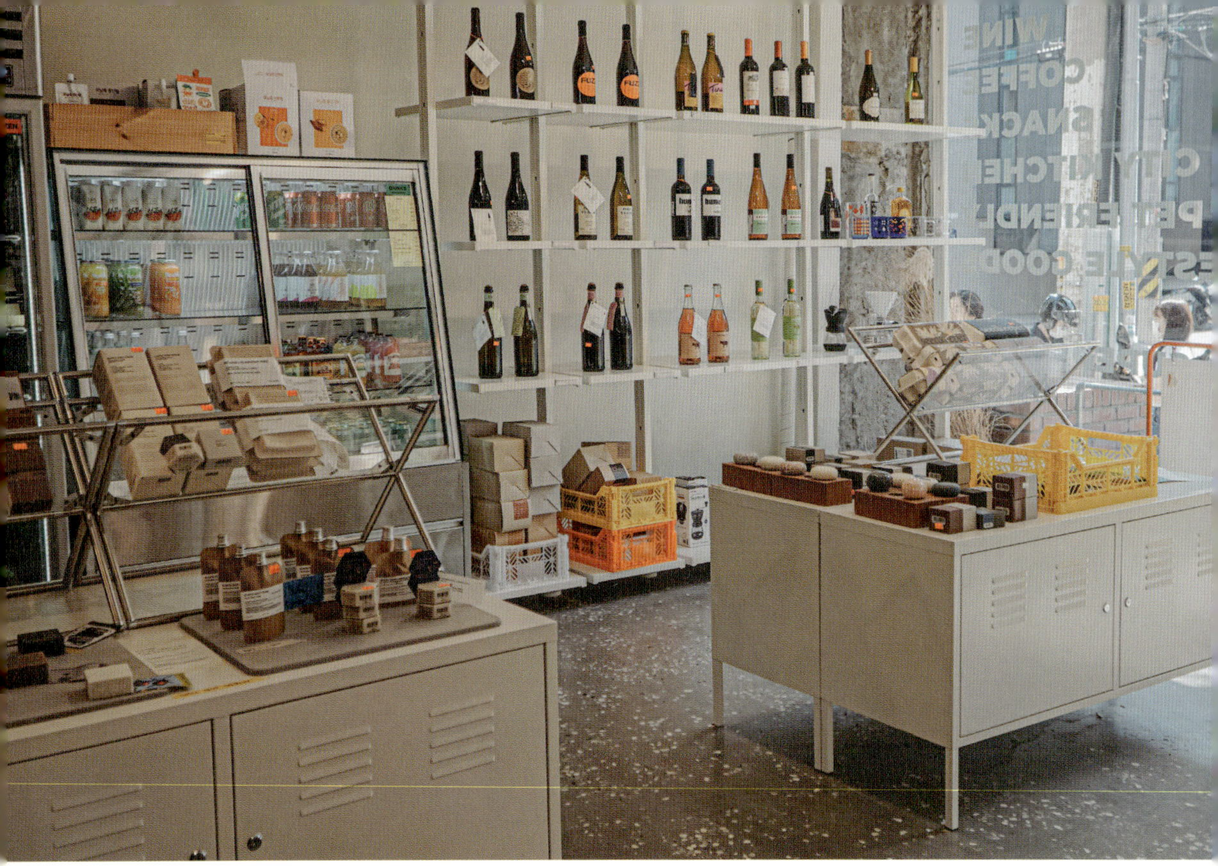

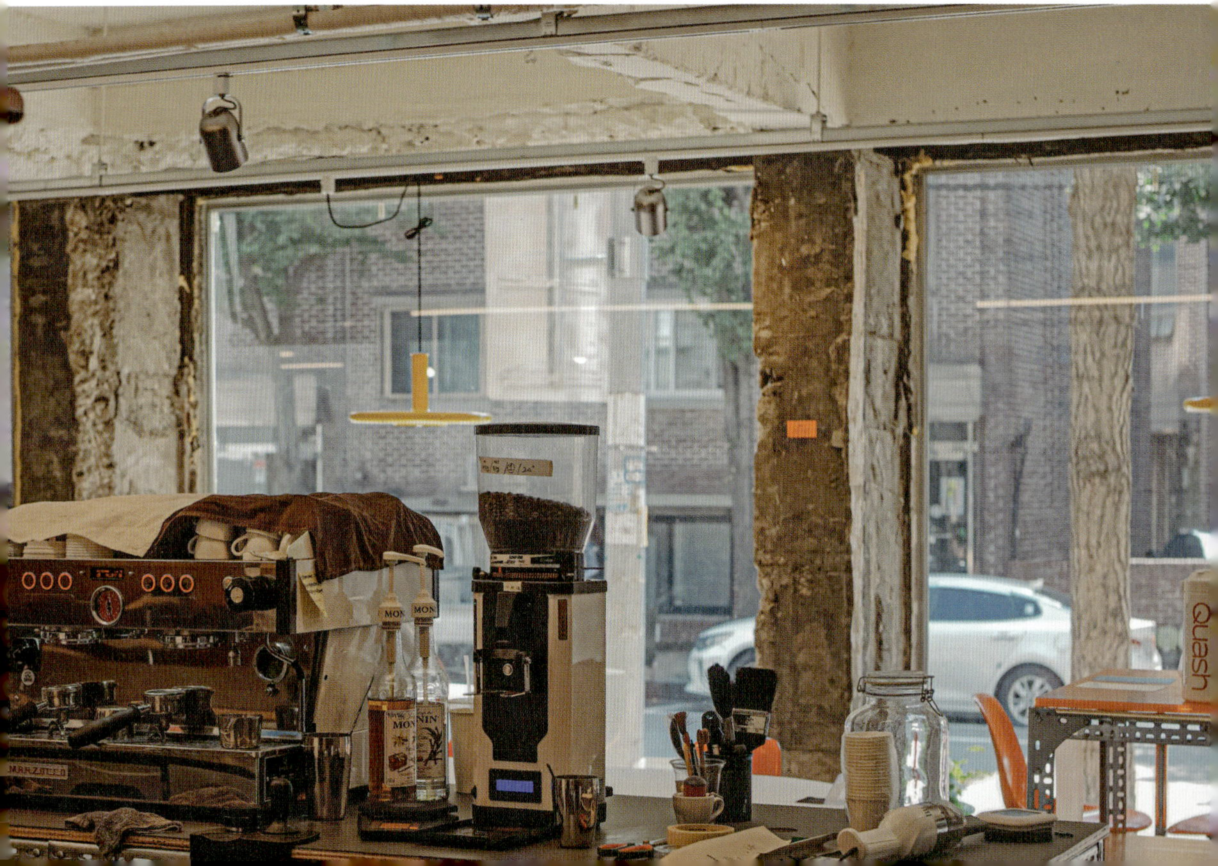

까? 길 모퉁이마다 있는 편의점으로 자연스럽게 향하는 발걸음을 돌려 슈퍼스티치를 찾아오도록 하려면 어떤 차별점을 가져야 할까?

슈퍼스티치의 마켓 쪽 매대에는 식재료, 생활용품부터 애견용품, 인센스 등 새로운 라이프스타일과 취향을 세심하게 담아낸 물건들이 폭넓게 진열되어 있다. 트렌드에 민감한 MZ세대라면 한 번쯤 들어 봤음 직한 브랜드의 제품들이 즐비하다. 계란판을 연상케 하는 독특한 패키징과 누구나 쉽게 홈 가드닝에 입문할 수 있는 간편 씨앗키트로 빠르게 성장 중인 'Seed Keeper'의 제품이 눈에 띈다. '반려식물'이라는 단어가 등장했을 정도로 플랜테리어는 MZ세대의 인테리어 트렌드로 확실하게 자리를 잡았다. 슈퍼스티치는 이런 트렌드를 민감하게 캐치해 브랜드를 선별했다.

입점 제품 라인업에서 MZ세대 트렌드를 대표하는 '가치소비'라는 또다른 핵심 키워드도 읽어낼 수 있다. 친환경 칫솔, 톤28처럼 플라스틱 쓰레기가 나오는 것을 최소화한 패키지의 화장품이나 다양한 브랜드에서 출시한 각양각색의 샴푸바 등이 그것이다. 슈퍼스티치는 여기에 '1인 가구'로 타겟을 더 좁혀 나간다. 식재료도 1인 가구에 맞춰 포장된 상품이 대부분이다. 또한 개개인의 다양성을 존중한다는 것을 보여주듯 건강식품을 비롯해 마트에서 쉽게 찾아보기 힘든 동남아, 이탈리아 등 다양한 국가의 향신료와 소스까지 한자리에서 만날 수 있다.

작지만, 누군가에게는 완벽하게 큰 세계

슈퍼스티치에 독특한 점이 하나 더 있다면 물건만 파는 것이 아니라 카페와 식당이 함께 있다는 것. 슈퍼스티치 지하에는 '도시주방'이라는 이름으로 6개 브랜드의 식당 주방이 숨어있다. 덕분에 이곳을 찾으면 한 자리에서 한식, 돈까스 등 다양한 메뉴를 주문할 수 있다. 1층 매장에 비해 접근성이 다소 떨어지는 지하층을 공유주방이라는 형태로 운영해 가치를 극대화했다. 주방이 제대로 갖춰져 있지 않거나 요리할 시간이 부족하거나 식재료 구매의 부담 등으로 인해 1인 가구에게 요리는 넘기 힘든 장벽과도 같다. 슈퍼스티치의 도시주방은 이런 사람들에게 끼니 해결을 위한 편리하고 매력적인 선택지를 제공한다. 로컬스티치가 운영하는 슈퍼스티치 인근 코워킹, 코리빙 공간들과의 연계성도 큰 장점 중 하나다. '채소아침'이라는 귀여운 이름 하에 정기적으로 소규모 생산자들의 신선한 먹거리를 만나볼 수 있는 '채소시장'이 열리기도 하고, 양파, 대파, 마늘 10톨, 감자 1개, 청양고추 3개 등

1인 가구가 소화하기에 적정한 양으로 소분한 식재료를 살 수 있는 '소분 스토어'가 열리기도 한다. 그래서 이 특별하고 새로운 슈퍼는 눈에 보이는 것 이상으로 충분히 크고 넓고 둥글며, 한편으로는 다양한 취향을 가진 개인에게 뾰족하게 몸을 맞대 다가온다.

과거가 우리에게 돌아오는 방식,
로컬스티치가 도시를 재생하는 방법

카트를 끌고 걷는 것만으로도 지칠 만큼 큰 마트에서 시간과 체력을 쓰거나, 끝도 없는 새로운 물건들의 목록 사이에서 스크롤을 끝없이 내리다가 막막함에 빠질 때면 고민 없이 가볍게 들락날락했던 동네슈퍼가 다시 그리워진다. 건물만 낡는 것이 아니다. 건물에 쌓여가는 시간의 무게만큼 문화도 낡는다. 빠르게 변화해가는 도시의 일상에서 우리와 가장 가까운 곳에 있었지만 어느새 잊혀 버린 도시의 문화가 있다. 슈퍼는 로컬스티치의 김수민 대표가 처음부터 접근하고 싶던 로컬 비즈니스 중 하나였다. 부동산의 가치가 치솟으며 어느새 동네에서 사라져버린 전통적인 로컬 비즈니스, 즉 슈퍼, 여관, 세탁소 같은 공간을 다시 동네로 불러낸 것이다. 이런 작은 비즈니스들은 우리의 생활을 동네와 연결하는 가장 가까운 접점이 된다. 실제로 로컬스티치의 다른 지점에는 세탁실, 바버샵, 커피바 등의 소규모 비즈니스들이 코리빙 공간 안에 들어가 있다.

로컬스티치가 표방하는 도시재생은 그리 거창한 것이 아니다. 낡은 공간에 새로운 감성을 불어넣으며, 우리가 어느샌가 잃어버린, 그리고 잊어버린 도시의 문화를 재생하는 것이다. 이것이 로컬스티치가 '로컬'이란 이름을 달고 동네를 '연결'하고자 하는 이유이자 목표이다. 시대의 감각에 맞게 새롭게 태어난 슈퍼스티치의 정체성은 복고 감수성을 자극하는 슈퍼라는 네이밍과 산뜻해진 비주얼이 맞물려 완전히 새롭게 다가온다. MZ세대에는 이러한 동네의 문화가 오래되어 새롭다. 로컬스티치가 만들어 내고 있는 도시생활자들의 작지만 큰, 새롭고 특별한 세계 속에서 새롭게 태어난 이 매력적인 공간이 우리의 도시에, 그리고 일상에 불어넣어 줄 기분 좋은 활력을 기대한다.

새로운 삶의 방식의 경험, 라이프스타일 공간

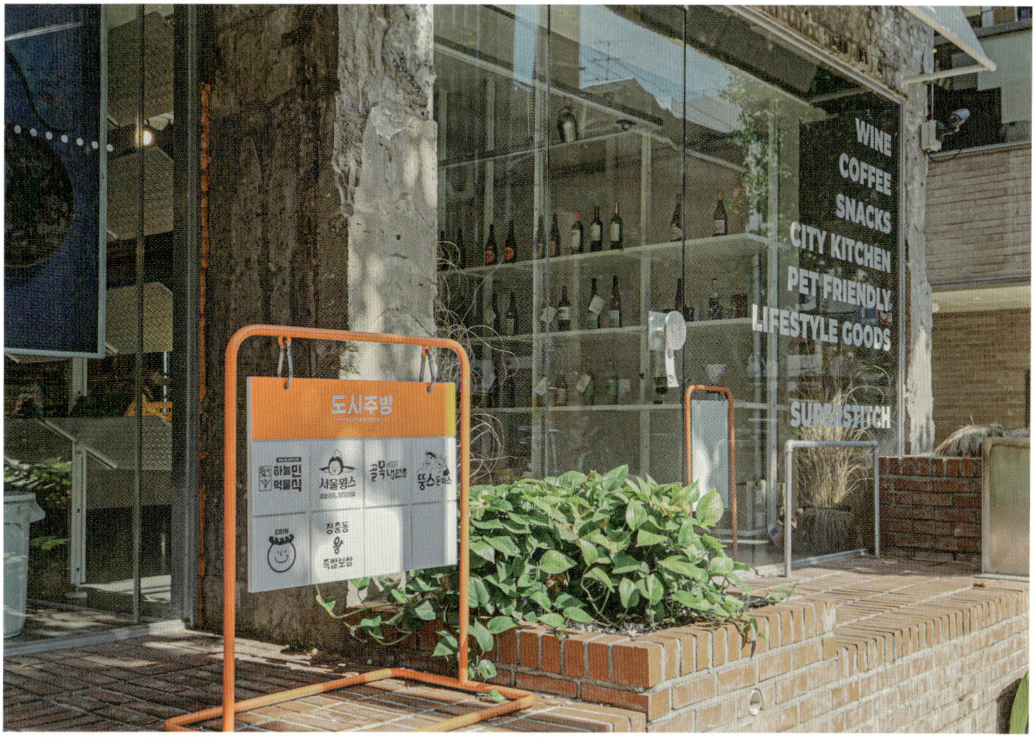
WINE
COFFEE
SNACKS
CITY KITCHEN
PET FRIENDLY
LIFESTYLE GOODS
SUPERSTITCH
도시주방

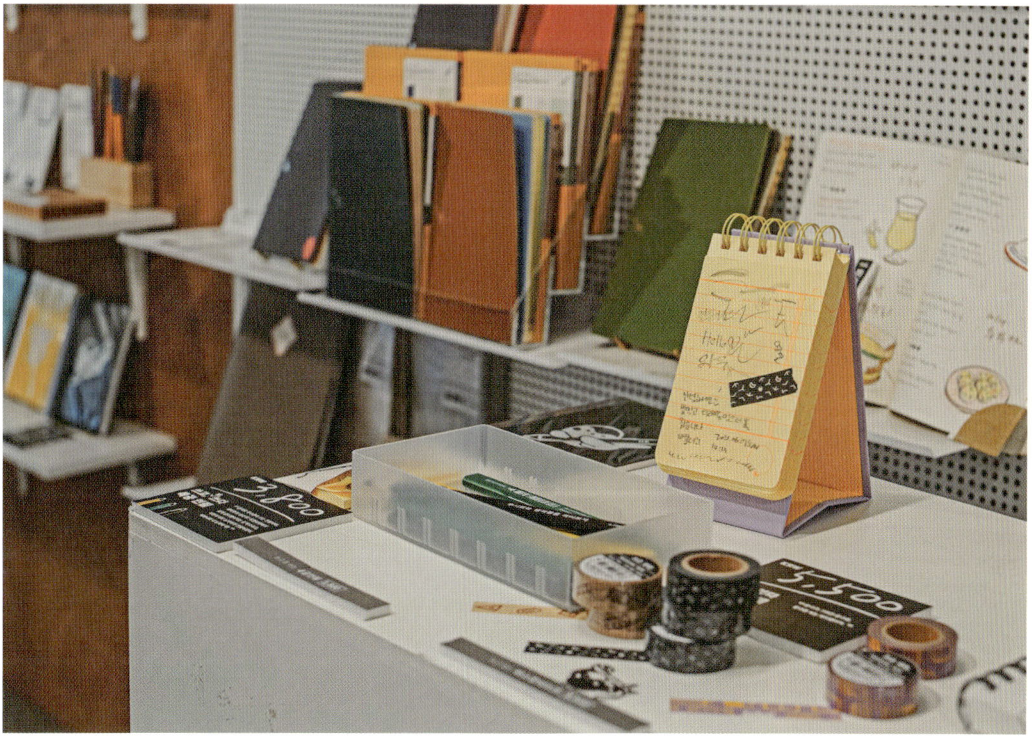

DATA >

슈퍼스티치
데이터로 보는 공간

'그로서리' 연관어 분석

분석 기간
2021.09~2022.07

분석 소스
Blog, News, Instagram, Twitter

요즘 SNS에서는 이른바 핫하고 힙한 '그로서리'를 쉽게 찾아볼 수 있다. 그로서리 연관어를 살펴보면 '시몬스'가 가장 많이 보이는데 시몬스의 소셜라이징 프로젝트 '시몬스 그로서리 스토어'가 큰 인기를 끌고 있기 때문이다. 레트로 감성의 키치한 인테리어, 시몬스 자체 굿즈에 지역과의 협업까지 더해져 성공적인 브랜딩 프로젝트로 평가받고 있다. 그 외에도 '카페'라는 단어가 많이 보이는데, 슈퍼스티치처럼 카페와 그로서리를 결합한 가게들이 많이 등장하고 있기 때문이다. 취향을 찾을 수 있는 특이한 식료품, 사진 찍기 좋은 힙한 인테리어와 감성이 바로 사람들이 '그로서리'를 찾아 다니는 이유가 아닐까?

'슈퍼스티치' 월별 검색량 그래프

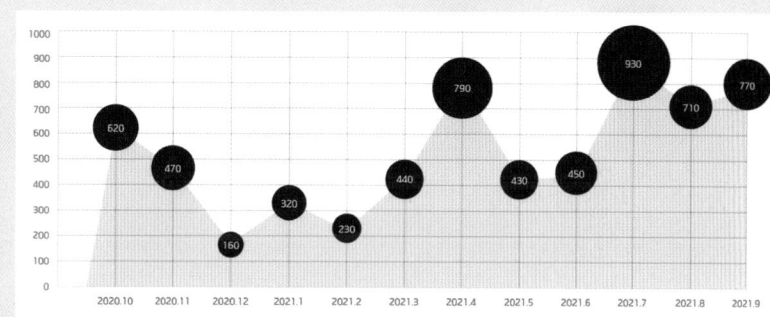

분석 기간
2020.10~2021.09

분석 소스
Blog, News,
Facebook, Instagram,
Twitter

2020년 4월부터 마르쉐 채소시장을 시작한 이후로 슈퍼스티치의 검색량이 크게 늘었다. 비건, 건강식이 트렌드가 되는 시점에서 MZ세대의 취향을 제대로 저격한 셈이다. 장소를 옮겨 다니며 열리는 시장인 농부 시장 마르쉐는 개인 생산자가 모이는 도심 속 채소시장이다. 마르쉐 채소시장은 한 번 열리면 1000여 명에서 1만여 명까지 모이기도 한다. 신개념 동네슈퍼에 핫한 채소시장이라니, 완벽한 시너지를 내기 좋은 조합으로 보인다.

the_blank_뉴스레터
'(수근수근) 여기가 호텔이 아니래'편 바로 보기

hotel theilma
호텔더일마

A 주소 경기 성남시 수정구 사송로77번길 35 1F
T 010-2190-5867
I @hoteltheilma
R 네이버 예약을 통해 예약 가능

STORY >

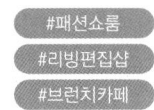

가상의 호텔 안에서 펼쳐지는
의식주의 새로운 패러다임

> By. 김예람 객원 에디터

무언가를 구분하지 않으려는 시도는 대부분 핵심이 아닌 서로 다른 영역의 끄트머리가 만나는 곳에서 시작된다. 기존과 차별화된 시도가 이뤄지는 곳은 주류나 본질로부터 멀리 떨어져 있지만, 다른 속성의 영역과 가까이에 있어 새로운 중심이 될 가능성을 품고 있다. 이러한 현상이 물리적으로 발생하는 곳을 찾고 싶다면 지도 애플리케이션을 실행해 대도시간의 지리 경계선 주변을 살펴보면 된다. 대규모 인구수용과 활발한 상업용지 개발로 인해 빽빽한 도심의 모습이 서서히 보이지 않게 되는 지역을 가늠하면 되는 것이다. 서울과 1기 신도시, 부산과 울산, 대전과 세종의 사이를 확대해보면 새로운 시도가 행해지는 공간을 어렵지 않게 발견할 수 있다. 그중 서울 송파와 성남 판교 사이에 있는 '호텔더일마'는 패션과 식음료 문화의 결합을 보여주는 대표적인 사례다.

현재 호텔더일마를 운영하는 더일마는 경기도 성남을 기반으로 성장한 의류 편집매장 브랜드로, 그의 전신인 서현역 매장은 분당 신도시 개발이 본격화된 1998년에 문을 열었다. 더일마는 스타일링에 포인트가 될 만한 패션 아이템을 주로 선보이며 인기를 얻었다. 소수의 해외 브랜드 제품을 큐레이션하는 젠더리스 편집숍으로 탈바꿈한 이후부터는 백화점과 쇼핑몰에 입점하며 사업 규모를 키웠다. 이렇게 유동인구로 가득한 도심 속에서 성장한 더일마는 스스로 큐레이션 영역을 확장하기 위해 2021년 7월, 도시 외곽에 새로운 복합 문화공간 호텔더일마를 개장했다. 스스로를 라이프스타일 브랜드로 칭하면서 소비자에게 제안할 수 있는 선택지가 아직 많이 남아 있음을 이야기한 셈이다. 다행히 그 메시지가 많은 사람들에게 닿았는지, 호텔더일마는 매장을 찾는 사람들로 연일 북적인다.

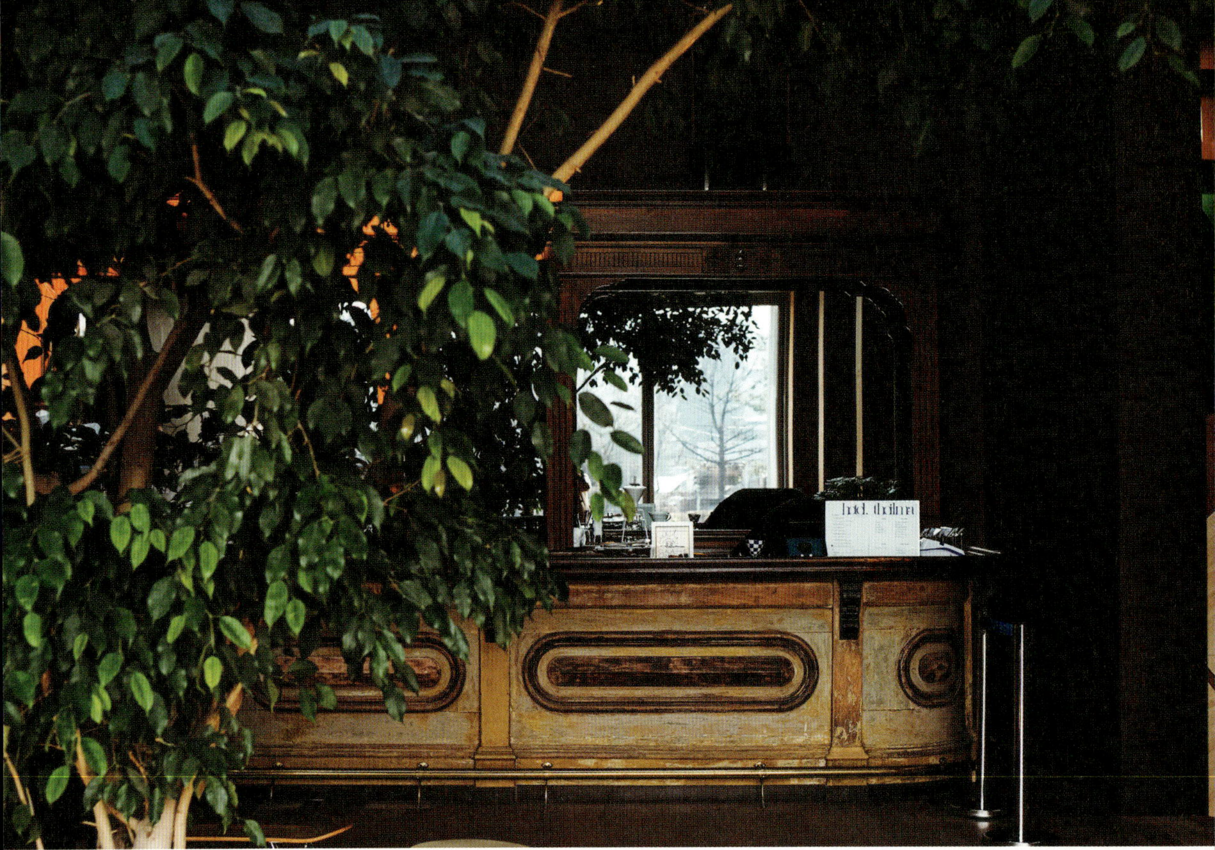

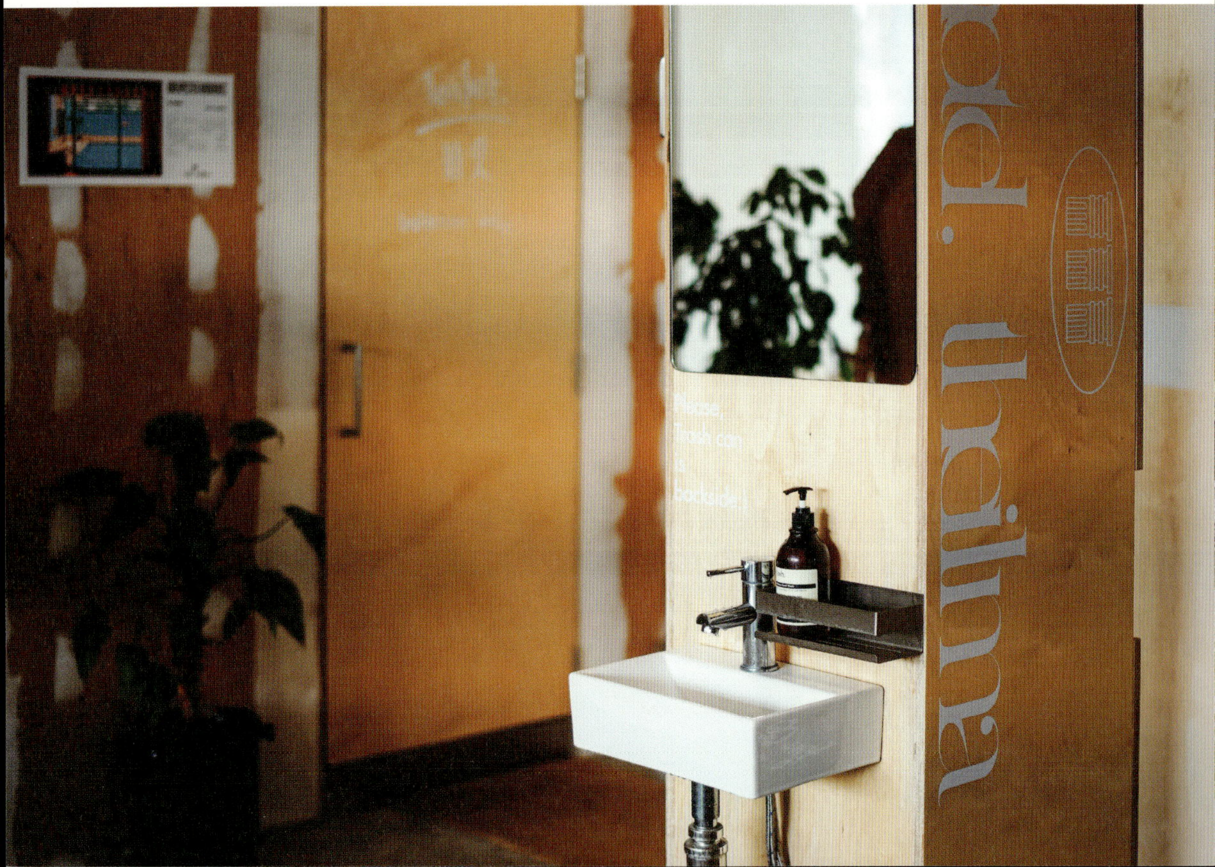

다른 세상에 도착한 듯한 착각을 일으키는 한 끗

근사한 부티크 호텔처럼 꾸며진 이 복합 문화공간은 정육 가공작업장 겸 판매업소 용도로 지어진 조립식 건물을 리모델링한 결과물이다. 2018년, 더일마는 사무실 목적으로 건물을 매입했지만 법적으로 증축이 불가해 본래의 목적과는 다른 쓰임새를 고민해야 했다. 밀도 높은 고민 끝에 더일마는 급작스럽게 닥친 위기를 브랜드의 경험을 확장할 수 있는 기회로 삼기로 했다. 단순히 옷을 판매하는 데 그치지 않고 음식, 서적, 가구, 음악 등으로도 브랜드가 추구하는 분위기를 전달하기로 한 것이다. 그런 이상적인 공간을 만들기 위해 인테리어 디자인 스튜디오이자 빈티지 가구 수입업체인 '뉴 모던 서비스(New Modern Service)'의 도움을 받았다. 더일마에게 나타난 이 조력자는 우연히 오래된 나무 질감의 바 카운터(Bar Counter)를 발견하고는 호텔 콘셉트의 공간을 만들자고 제안했다. 더일마의 새로운 공간을 찾아오는 사람에게 일상에서 벗어난 느낌을 주기 위해서는 다른 세상에 도착한 듯한 착각을 일으켜야 한다는 이유였다. 그렇게 '호텔'은 더일마라는 브랜드의 경험 확장성을 상징하는 이미지가 됐다.

나란히 줄지어 선 호텔더일마의 아연 기둥을 지나 거대한 회전문을 밀고 건물 안으로 들어가 보자. 밖에서 짐작했던 것보다 높은 층고의 실내 공간이 펼쳐진다. 공간 브랜딩에 중요한 부분을 차지하는 바 카운터는 방문자를 맞이하는 리셉션 데스크(Reception Desk) 역할을 하고, 라운지 중앙에 심은 벤자민 고무나무는 풍성한 잎을 자랑하며 사람들의 감탄을 자아낸다. 식물 큐레이션 스튜디오 '파도식물'은 20m 이상 자라는 고무나무를 위해 박공 지붕의 일부를 도려냈고, 덕분에 라운지에 있는 사람들이 실내에서 따스한 빛을 더 많이 느끼며 커피를 여유롭게 즐길 수 있게 됐다. 라운지에서 오른쪽으로 발걸음을 옮기면 더일마의 패션 쇼룸과 리빙 편집숍이 있다. 패션 쇼룸에서는 호텔더일마를 위한 자체 상품과 스타일링 아이템을 판매하고 있으며, 리빙 편집숍에서는 오브제 큐레이션 브랜드 '39etc'가 선택한 소품과 사진집 전문서점 '이라선'이 고른 책을 소개한다.

고정관념은 잠시 거둔 채 있는 그대로의 공간을 풍요롭게 누려보기

라운지 방향으로 다시 걸어가면 가볍게 브런치를 먹을 수 있는 식사 공간이 나온다. 손님끼리 눈이 마주치는 빈도를 줄여 오붓하게 식사할 수 있도록 디자이너 이사무 노구치(Isamu Noguchi)의 조명이 곳곳에 매달려 있다. 식사 공간의 인테리어 또한 오래된 호텔의 한구석

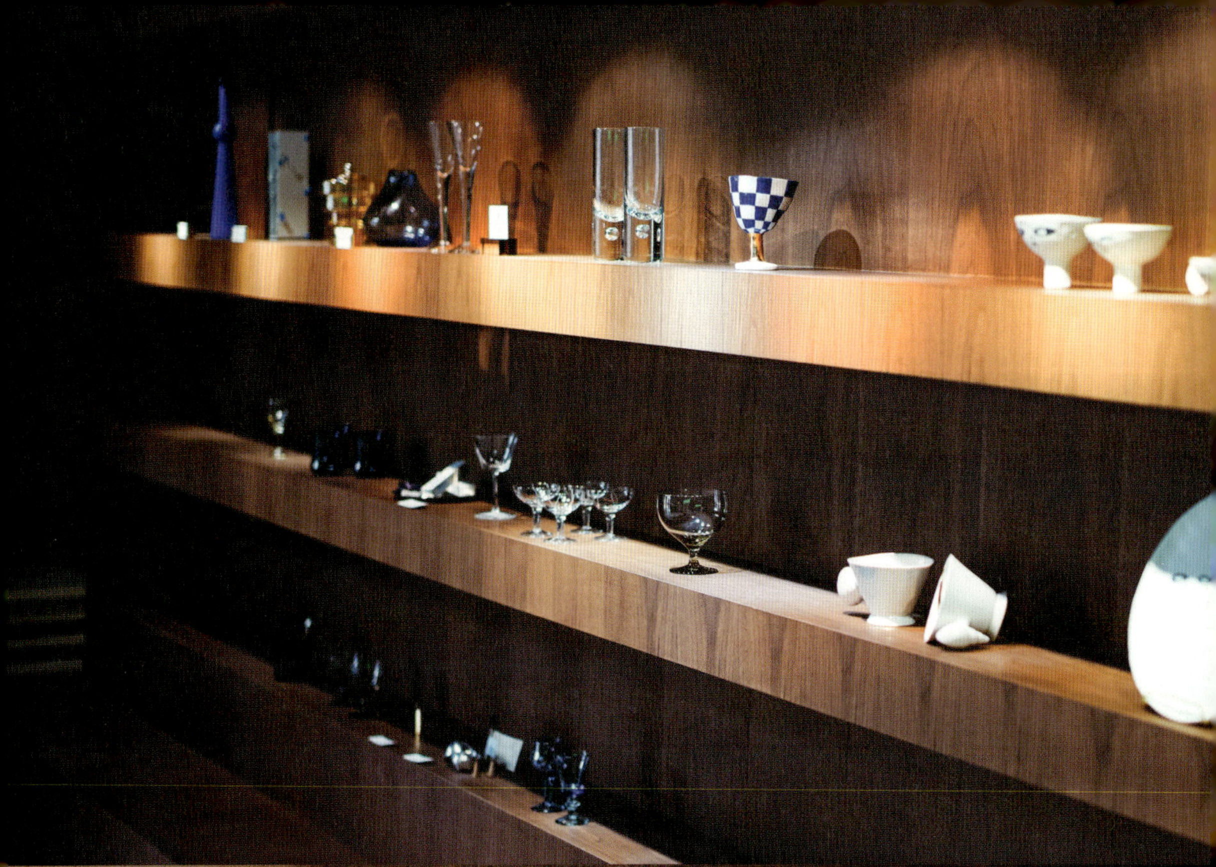

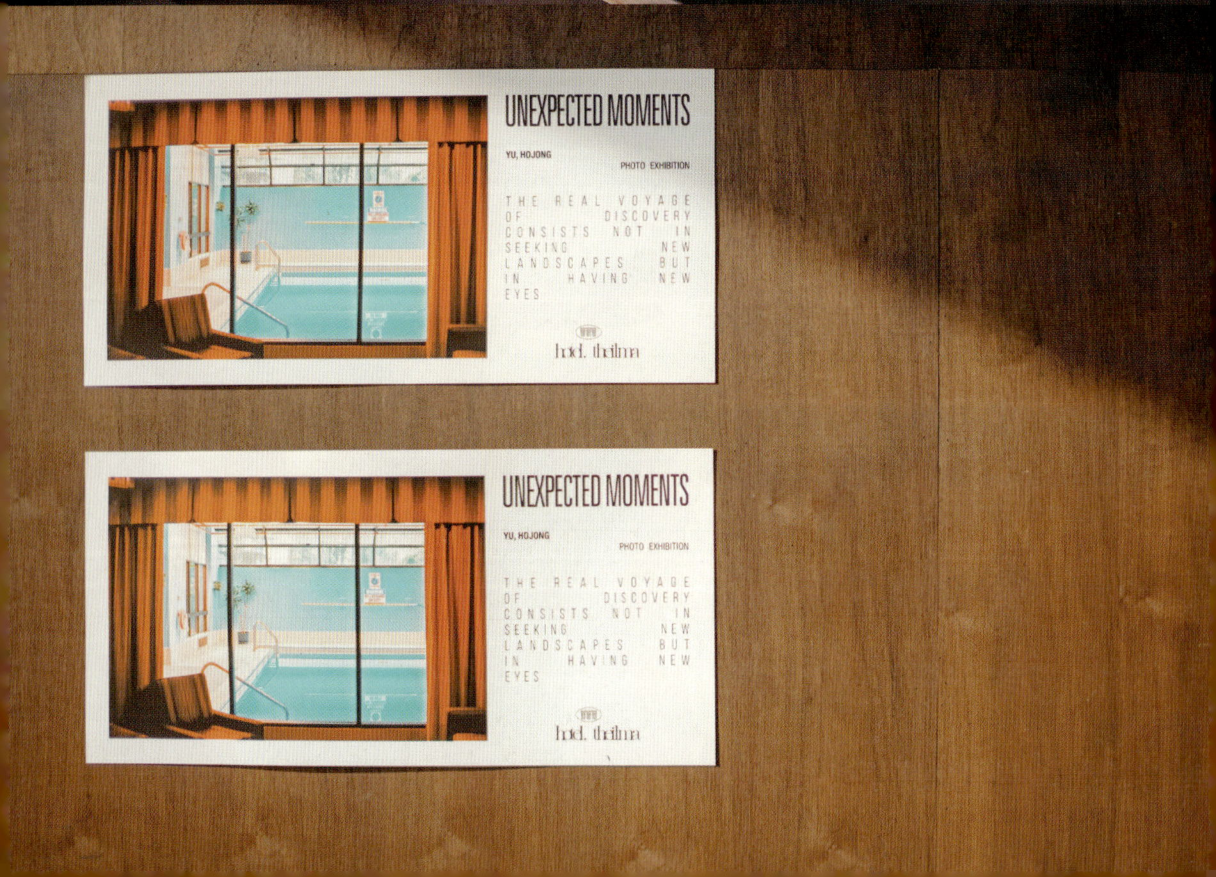
UNEXPECTED MOMENTS
YU, HOJONG
PHOTO EXHIBITION
THE REAL VOYAGE OF DISCOVERY CONSISTS NOT IN SEEKING NEW LANDSCAPES BUT IN HAVING NEW EYES
hotel. thelma
UNEXPECTED MOMENTS
YU, HOJONG
PHOTO EXHIBITION
THE REAL VOYAGE OF DISCOVERY CONSISTS NOT IN SEEKING NEW LANDSCAPES BUT IN HAVING NEW EYES
hotel. thelma

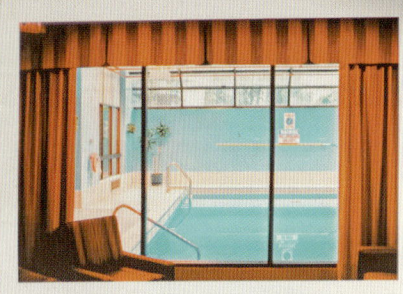

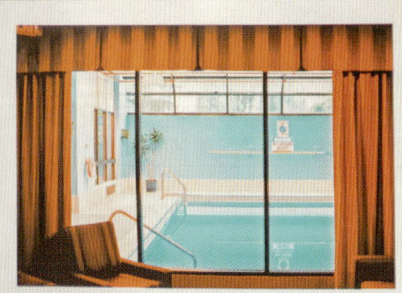

을 연상시키듯, 벽체 마감재가 떨어져 나간 듯한 모습을 하고 있다. 하얀색 페인트로 직사각형의 그리드를 그리고 중간마다 점박이 무늬를 찍은 모습은 마감재를 덧붙이려고 바른 접착제의 흔적을 떠오르게 한다. 한편으로는 시간의 흔적을 연출하면서도 최근 인더스트리얼한 분위기의 카페가 지적 받는 위생 문제로부터 벗어난 대안을 제시한 것처럼 보이기도 한다. 테이블 위에 올라오는 메뉴는 델리 겸 와인 바 먼데이모닝마켓과의 협업으로 만들어졌다. 그들은 국내 브런치 음식점에 완전히 정착되지 않은 브런치 메뉴를 찾다가 프랑스 가정식인 크레이프와 갈레뜨를 선택했다고 한다.

겉으로 보기에 호텔더일마가 제공하는 여러 서비스는 긴밀한 연관성을 가지고 있지 않다. 그렇기에 누군가는 생뚱맞은 풍경처럼 보인다고 말할 수도 있고, 브랜드의 인지도 상승을 위해 기획한 일시적 공간으로 치부할 수도 있다. 하지만 동떨어진 요소를 한데 모아 생경한 장면을 만들어내는 작업이 정말 그 정도의 의미밖에 지니지 못하는 일일까? 오랜 시간 동안 당연했던, 어쩌면 아직도 통상적인 업역 구분을 벗어난 공간적 시도는 자연스럽게 받아들여지지 못하고 있다. 여전히 우리에게 낯설기 때문이다. 예전에 영화감독 봉준호가 한국 최초로 골든글로브를 수상하며 "자막의 장벽을 1cm 뛰어넘으면 훨씬 더 많은 영화를 즐길 수 있다."라는 말을 남긴 적이 있다. 그의 말을 공간에 대입하면, 우리는 고정관념을 부술 때마다 주위의 공간을 풍요롭게 누릴 수 있지 않을까?

새로운 삶의 방식의 경험, 라이프스타일 공간

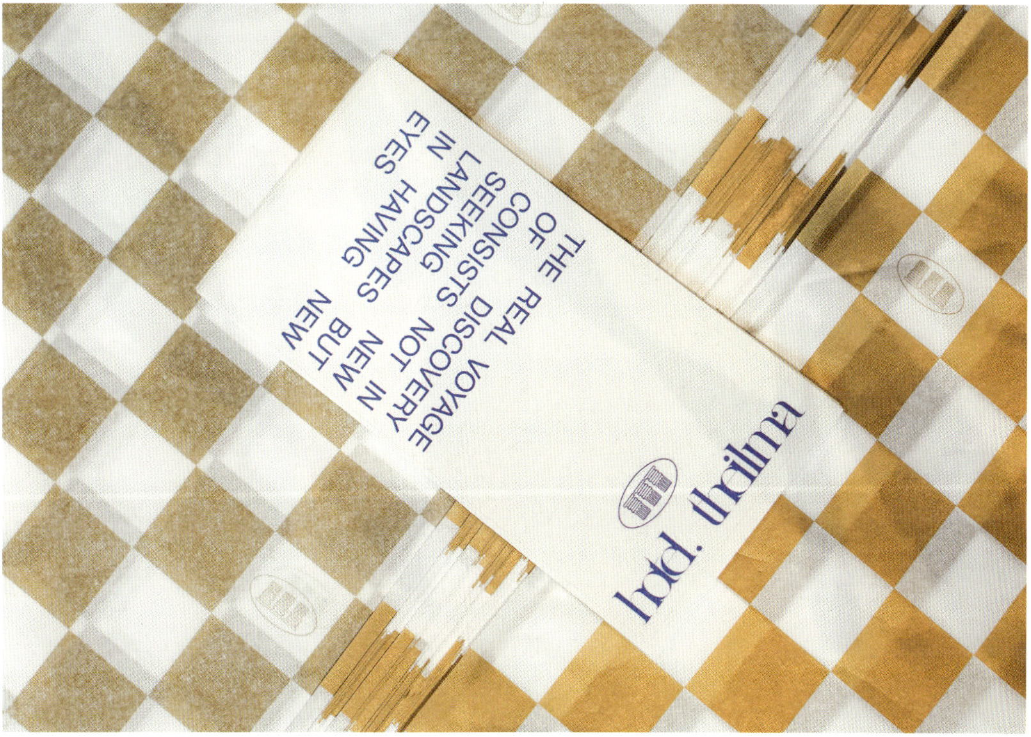
THE REAL VOYAGE OF DISCOVERY CONSISTS NOT IN SEEKING NEW LANDSCAPES BUT IN HAVING NEW EYES

DATA >

호텔더일마
데이터로 보는 공간

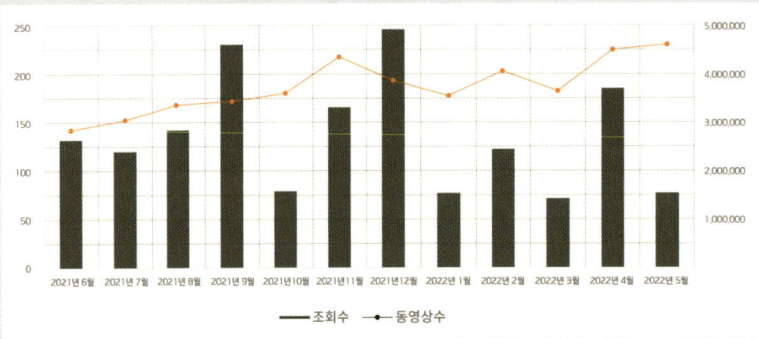

유튜브 내 '브런치' 관련 콘텐츠 추이

분석 기간
2021.6 ~ 2022.5

분석 소스
Youtube

브런치는 늦은 아침식사라는 뜻으로 영국 귀족이 느긋하게 아침식사를 즐겼던 것에서 비롯되었다. 그 후 미국 상류층 여성의 사교모임의 상징적인 메뉴로 발전해 대중적으로 퍼졌다. 이러한 배경 때문인지 아직도 브런치는 '세련되고 럭셔리한 사교용 메뉴'라는 인식이 있다. 최근 MZ세대 사이에서 브런치 카페가 유행이다. 그 인기를 입증하듯 유튜브에서도 브런치 관련 동영상이 증가하는 추세이다. 자신이 원하는 이미지를 위해 소비하고 SNS 인증을 좋아하는 MZ세대에게 브런치는 즐기기 좋은 콘텐츠인 듯하다.

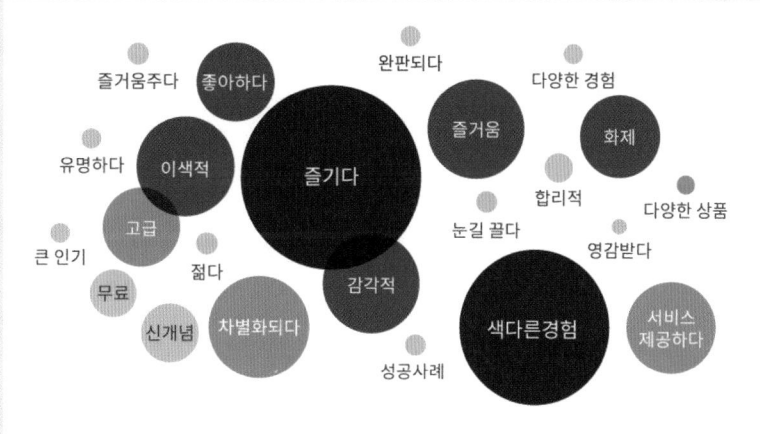

'콘셉트스토어' 감성어 분석

분석 기간
2021.6 ~ 2022.6

분석 소스
Blog, News, Instagram, Twitter

콘셉트 스토어는 단순히 제품을 판매하는 것을 넘어 소비자에게 브랜드 경험과 아이덴티티를 전달하는 역할을 한다. 사람들은 콘셉트 스토어를 통해 감각적이고 색다른 경험을 즐긴다. 성수동에 오픈한 'DIOR 성수'는 요즘 가장 핫한 콘셉트 스토어로 떠오르고 있다. 파리 본사를 떠오르게 만드는 고급스러운 외관부터 다양하게 즐길 수 있는 콘텐츠로 많은 사람의 관심을 받고 있다. 이외에도 무신사의 강남 스토어, 룰루레몬의 이태원 스토어 등 콘셉트 스토어도 연달아 오픈했다. 코로나19가 수그러들면서 체험과 경험을 중요하게 생각하는 MZ세대의 요구를 반영하기 위해 브랜드들은 콘셉트 스토어 같은 오프라인 경험을 점점 더 확장할 전망이다.

Jibmusil
집무실

Padosalon
파도살롱

Cociety
코사이어티

일과 휴식의 경계를 넘어
새로운 업무 공간

the_blank_뉴스레터
'출퇴근 10분컷, 너도 할 수 있어(○○○과 함께라면)'편 바로 보기

STORY >

#공유오피스
#워크라운지
#24시간카페

회사보다 가깝고 집보다 일이 잘되는 워크라운지

> By. 서해인 객원 에디터

일하는 환경이 변했다. 구글, 페이스북 등 다수의 영미권 빅테크 기업들은 코로나19를 기점으로 전 직원 대상 재택근무를 공표했고, 국내 기업 중 우아한형제들은 주 2회 재택근무를 상시화 했다. 정도의 차이는 있겠지만, 예외 없이 회사로 출퇴근하던 사람들은 이제 회사 건물이 아닌 곳에서의 근무를 일상적으로 경험한다. 우리는 랜선과 와이파이가 있는 곳이라면 어디서든 일할 수 있지만, 마찬가지로 어디서나 몰입을 방해하는 것들을 찾아낼 수 있다. 집에는 이런 것들이 있다. 깔끔하게 정리하고 싶은 책상, 10분만 누워있고 싶은 침대, 괜히 한 번 더 열어보고 싶은 냉장고. 가까운 카페로 나서 보아도 사정은 다르지 않다. 얼마 지나지 않아 자기가 생각보다 소음에 예민한 사람이라는 것을 발견하게 되고, 콘센트가 있는 자리를 점하기 위해 은근히 시야가 분산되기도 한다. 업무에 집중하지 못하게 만드는 요소들은 도처에 널려 있고, 일에만 신경 쓰기 위해서는 생각보다 많은 것이 필요한 듯 느껴진다.

'집무실'은 사회적으로 합의된 사무실의 정의가 조금씩 달라지는 시점인 2020년, 온라인 비즈니스 네트워킹 플랫폼 '로켓펀치'와 브랜드 개발 전문 회사 '엔스파이어'가 만나 정동점에서 첫 선을 보인 분산형 오피스다. 집무실이라는 이름이 '집 근처 사무실'의 준말인 만큼, 주거지역의 지하철역 출구부터 도보 5분 이내에 도착할 수 있는 곳으로 지점을 확장 중이다. 서울대입구, 석촌, 일산, 목동점이 운영 중이며, 11월 중순 왕십리점의 신규 오픈을 앞두고 있다.

오늘의 기분에 따라 선택하는 업무 공간

'집 근처 사무실'에서는 일이 잘 될까? 재택근무의 보편화에 따라 이제 '가장 일을 잘할 수 있

는 곳'을 찾아야 하는 새로운 과제가 현대인들에게 주어졌다. 그래서 하나의 공간 내에서 업무 능률을 극대화할 수 있는 다양한 옵션의 구역들을 제공한다면 그 공간을 이용하는 것이 더 합리적이라 느낀다. 집무실에 들어선 사람들은 원한다면 최소 두 번 이상 업무 환경을 바꾸어 볼 수 있다. 세 가지 버전으로 마련된 업무 모듈을 경험하며 내가 어떤 모듈에서 가장 일의 능률이 오르는 유형인지 테스트하는 것도 좋다. 'NEST'는 전면이 개방되어 시야가 트여 있고 은은한 조명과 칸막이로 구획되어 있다. 'HIVE'는 조금 더 넓은 책상과 사무의자가 제공되고 문을 여닫을 수 있는데, 쉽게 말해 우리에게 익숙한 독서실이라고 생각해도 좋다. 'CAVE'는 앞선 두 가지 모듈과는 달리 완전히 분리, 독립된 공간이다. 집무실에서 자체 진행한 설문에 따르면 이용자 중 디자이너 직군은 'NEST'를, 마케터 직군은 'HIVE'를, 에디터 직군은 'CAVE'를 선호한다. 동일한 설문에서 이용자들이 이곳에 매력을 느끼는 이유 2위로 꼽은 것은 "내 업무 성향에 따라 이동하면서 쓸 수 있는 유연하고 아름다운 공간"이라는 점이다. 업무 모듈의 다양화가 효과적으로 적용되었다는 것을 알 수 있다.

이러한 업무 모듈 경험은 단순히 개방된 자리에서 구석 자리로 옮겨보는 것 그 이상이었다. 오늘 하고 있는 일감의 성격, 그리고 시시각각 조금씩 달라지는 나의 컨디션에 따라 '조금 더 탁 트인 곳에 있고 싶다.', '갑자기 어떠한 생활소음도 없는 곳에 있고 싶다.'라는 생각이 얼마든지 생겨난다. 그럴 때마다 원하는 공간을 찾아 나서는 것 자체가 또 하나의 일이지만, 집무실에서는 큰 공을 들이지 않고도 중간중간 업무 환경을 바꾸어 볼 수 있다.

기술과 감각으로 마주하고 경험하는 집무실

게다가 이곳은 '나이트 시프트(Night shift)'라는 강력한 치트키를 가졌다. 이 비즈니스 모델은 낮에는 카페로, 밤에는 주류를 판매하는 바(Bar)로 전환하는 가게들을 연상시킨다. 지점별(주로 서울권) 일몰 시간을 기준으로 공간의 전체적인 조명을 달리한다. 집무실은 "(고객이) 존중받고 있다는 기분이 드는 공간을 지향한다."라며, 에드워드 호퍼의 그림 〈밤을 지새우는 사람들〉을 공간의 모티프로 든다. 이곳은 다양한 사정으로 밤샘 업무를 해야만 하는 사람들을 환대한다. 어차피 일은 혼자 하는 것이지만, 그렇게 모여든 사람들을 '방해하지 않는' 공간을 넘어 '존중하는' 공간이라는 인상을 전해주는 쉽지 않은 일을 목표로 한다. 점심 직후 방문한 나는 매일 오후 3시의 '슈거 & 리커 타임'을 경험해볼 수 있었다. 위스키 라인업을 포함한 주류와 다과가 제공되는 시간인데, 담당 스태프가 약 2시 40분부터 바에서 분주하지만 고요하게 움직이며 이용자들을 위해 주류와 다과를 준비한다. 무제한 간식

이 비치된 사무실과는 달리 휴식과 환기를 위한 이 시간에는 조금 더 집중된 활기가 돈다.

'나이트 시프트'와 '슈거 & 리커 타임'이 부가적인 요소라면, 공간에 입장하기 전부터 집무실의 정체성을 조금 더 잘 느낄 수 있는 경험 포인트가 있다. 이용자가 전용 앱을 통해 방문 직전 3단계 (혼잡-활발-쾌적)로 분류된 공간 혼잡도를 실시간으로 파악할 수 있다는 것. 일반적으로 우리는 물리적으로 어떤 공간에 근접해 있더라도 문을 열고 안으로 들어가 보기 전에는 공간 내부 좌석 상황을 알 수 없다. 수고스러운 방문이 헛걸음이 될 수 있는 불안정성을 늘 가지고 있는 것이다. 그런데 집무실이 제공하는 이 온라인 서비스는 이용자가 허탕을 치지 않을 수 있도록 돕고, 나아가 재방문율을 높인다. 게다가 이 앱을 통해 지금 이용 중인 지점의 내부 온도, 습도, 공기청정도 등도 확인할 수 있다. "집무실에서 일해보니까 어때?"라는 지인의 질문에 가장 먼저 쾌적했다고 답할 수 있는 이유는 이렇듯 눈에 보이지 않는 것들을 이용자가 직접 확인할 수 있게 하는 장치 덕분이다.

엄청나게 많은 일감을 들고 집무실에 첫 방문했던 날, 퇴장 직전 켜 본 앱에는 "7시간 동안 집중하셨습니다."라는 메시지가 기재되어 있었다. 혼잡한 시간을 지나 쾌적한 시간이 되기까지 그날의 내가 원하는 만큼 집중했다. 모든 이들의 집 근처에 집무실이 생기는 날이 올까? 회사와 집 사이에서 고민하는 이들이라면 우리 집 근처에 집무실이 있는지 한 번 살펴보는 것도 좋겠다.

INTERVIEW >

집무실 김성민 대표 × the blank

> By. 서해인 객원 에디터

Editor's comment

2021년 10월, 5번째 지점인 목동점의 오픈 직후이자 6번째 지점인 왕십리점 오픈을 막 앞둔 시기. 집무실 김성민 대표와 인터뷰를 진행했다. 이용자 경험, 체험 모델, 디자인 요소, 사회공헌 등 집무실이 서비스 출시 후 1년간 이루어 낸 다양한 가치들이 궁금하신 분들은 이 인터뷰를 읽어보기 바란다.

사람들의 출퇴근 이동 거리를 줄이는 누구나의 '집 근처 사무실'이라는 캐치프레이즈를 실현하기 위해, 앞으로 집무실이 공격적으로 지점을 확장할 것이라 예상됩니다. 이와 함께, 어느 지점에서든 '균일한 이용자 경험'을 전달해야 한다는 과제도 생기셨을 텐데요. 모든 지점에 통용되는 공간 운영 가이드라인을 세울 때 어디에 가장 주안점을 두시는지 알려주세요.

가장 중요한 것은 '일이 잘되는 곳'을 만드는 것이에요. '고객에게 무엇을 더 제공해야 하는가.' 보다는 '그들에게 불필요한 것은 무엇인가.', '그들을 위해 하지 말아야 하는 것은 무엇인가.'를 파악하려고 하는 편이에요. 최근 구체적으로 개선하고 있는 영역은 '시간대별 조도/온도/습도'와 '배경 음악'의 적정한 정도를 찾는 일이에요. 우리는 '집무실에 오니 집중이 정말 잘 되더라!'라는 고객의 피드백을 받는 것을 목표로 이 일에 집중하고 있습니다.

실제로 입장한 후, 전용 앱을 통해 내부 온도, 습도, 공기청정도를 실시간으로 체크해볼 수 있어 좋았습니다. 이렇듯 집무실은 전용 앱을 통해 한 사람당 최초 3일(72시간)의 공간 체험을 신청하고 이용해볼 수 있는 서비스를 제공하는데요. 서비스 1주년을 맞이해 공개하신 성과 지표 중 가장 인상적인 건 누적 147년의 체험일 수를 제공했다는 점이었습니다. 과연 많은 분이 다녀가셨구나, 싶었어요.

집무실 사업의 본질은 어디서든 유연하게 일할 수 있는 '하이브리드 업무 환경'을 만드는 것입니다. 그러려면 고객이 특정 지점이 아닌 2개 이상의 지점을 체험할 수 있도록 하는 최소 체험 일수가 필요하다고 봤죠. 물론 모든 지점에서 균일한 이용자 경험을 제공한다는 전제를 가져가면서요. 지금까지는 상품의 가치의 영향을 주지 않는 선에서 이 모델이 큰 무리 없이 운영되고 있습니다.

균일한 이용자 경험이 한 축이라면, 지점별 공간 디자인의 차별화가 집무실의 다른 한 축을 맡고 있는 듯합니다. 일산점의 '전화 교환기' 오브제, 목동점의 '중정' 등 지점별로 공간 요소와 디자인을 조금씩 다르게 배치하고 적용한 점이 눈에 띄는데요. 일하는 사람들의 공간에 쾌적함과 편안함을 돕는 장치(의자, 조명, 다양한 업무 모듈) 외에 디자인 요소를 더하는 이유가 궁금합니다.

이제 소비자들은 서비스의 근원적인 '기능'을 소비하면서, 동시에 그 속에 담긴 '이야기'도 함께 소비하기를 원해요. 이야기를 설계하는 작업이 서비스 제공자 입장에서 중요한 이유입니다. 우리는 개개인이 머무는 동안 해야 할 일들을 처리하는 것 외에도 근사함이 곁들여진 이야기까지 찾아낼 수 있도록 돕습니다. 집무실 SPX팀(Space Platform Experience)과 마케팅팀의 핵심 업무 중 하나는 이를 시각적/경험적 장치로 풀어내는 것인데요. 이를 위해 공간에 디자인 요소를 더하고, 활용하고, 이야기를 만듭니다.

'집 근처'라는 점에 조금 더 집중한 이야기를 나누어 보고 싶습니다. 일하는 사람들이 겪고 있는 문제 중 집무실이 가장 잘 해결할 수 있는 부분은 출퇴근에 소요되는 시간을 단축해준다는 점인데요. 이는 탄소발자국 감소와 연계된 ESG 비즈니스로도 이어집니다. 개인의 편의를 돕는 서비스가 결국 사회 전체로 확장되는 것인데요.

도시재생의 관점에서 우리가 하는 일이 기여하는 부분이 있습니다. 국내 곳곳에는 매력적인 이야기를 가지고 있는데도 세월의 흐름 속에 잊힌 지역이나 공간이 있어요. 앞서 예시로 들어주신 것처럼, 집무실은 '콘텐츠'로 공간에 새로운 기운을 불어넣어 왔습니다. 일산점은 과거 전화국으로 사용되던 곳을 근사한 업무 공간으로 탈바꿈시킨 곳이에요. 왕십리점은 철도

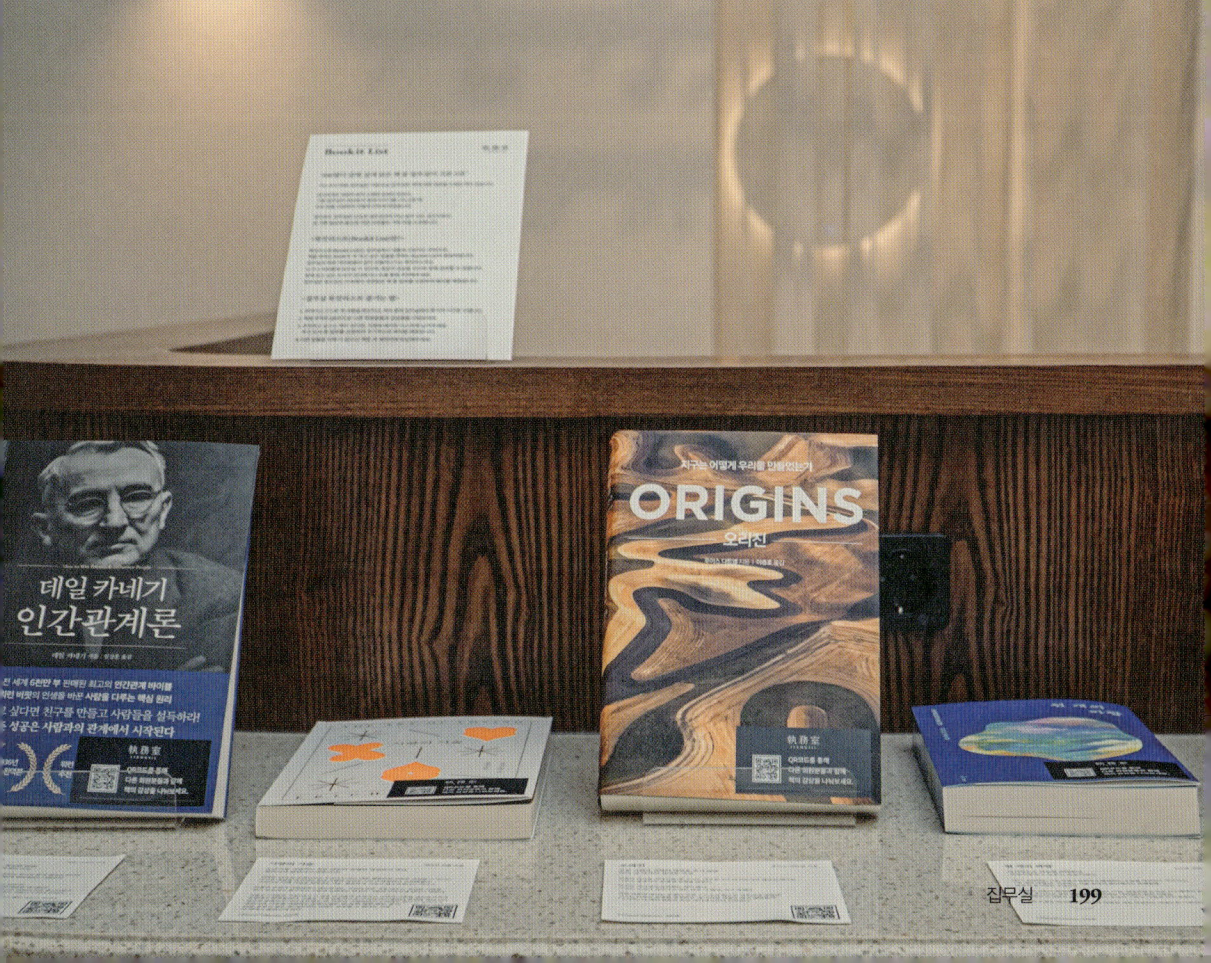

하역장으로 쓰던 유휴지를 복층 구조의 매력적인 업무 공간으로 바꾼 경우입니다.

끝으로, 코로나(COVID19) 시대에 시작한 서비스가 풀어야 하는 문제들도 있을 텐데요. 도시재생의 관점 외에도 집무실이 앞으로 해결하고 싶은 또 다른 문제가 있다면 알려주세요.
2021년은 '워케이션(Work+Vacation)' 개념이 본격적으로 생겨나고 있는 시점입니다. 통상적으로 휴가지로 여겨졌던 지역으로 이동해서 쉼과 일을 병행하는 사람들이 많아진 것인데요. 집무실이 지역으로 진출함에 따라 파생되는 고용효과가 있을 것으로 예상합니다. 요약하자면, 공간과 그 속에 머무는 사람들의 생활 방식에 어떤 영향을 주는 '콘텐츠'인가가 중요해지는 시기입니다. 그 속에서 집무실이 할 수 있는 일을 계속해보려 합니다.

퇴실 시
집무실 QR을 찍어주세요.

WORK

DATA >

집무실
데이터로 보는 공간

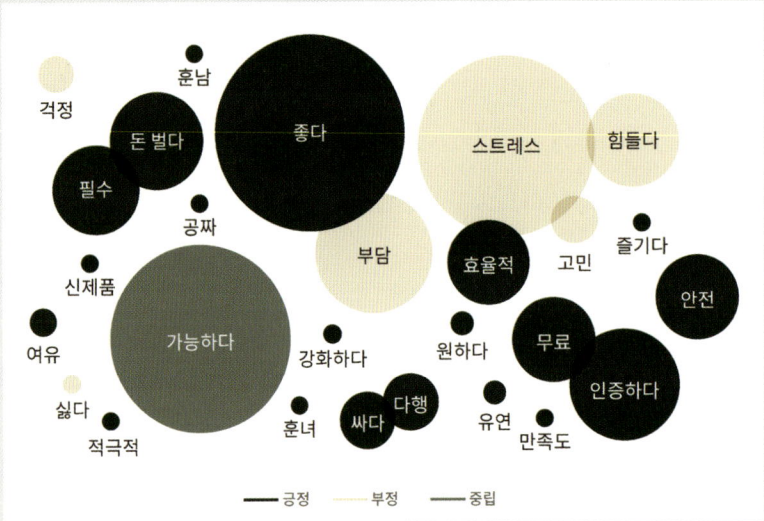

'재택근무' 감성어 분석

분석 기간
2020.11~2021.10

분석 소스
Blog, News, Facebook, Instagram, Twitter

코로나19 이후 재택근무 도입률이 급격하게 증가했다. 사람들은 재택근무에 대해 어떻게 생각하고 있을까? 가장 크게 보이는 것은 '좋다'이다. 재택근무는 통근 시간 절약, 자율성 증대의 이점이 있다. 하지만 '좋다' 다음으로 가장 많이 보이는 '스트레스'라는 단어를 보면 재택근무에 불만족을 느끼는 사람들이 많다는 것을 알 수 있다. 일과 일상이 결합되고 집이라는 환경 탓에 집중이 어려울 수 있기 때문이다. 그런 이유로 집무실과 같은 코워킹스페이스의 수요가 늘어나고 있다. 집무실이 가지고 있는 공간 컨셉과 치밀한 모듈 설계는 재택근무하는 사람들을 끌어들이기 충분해 보인다.

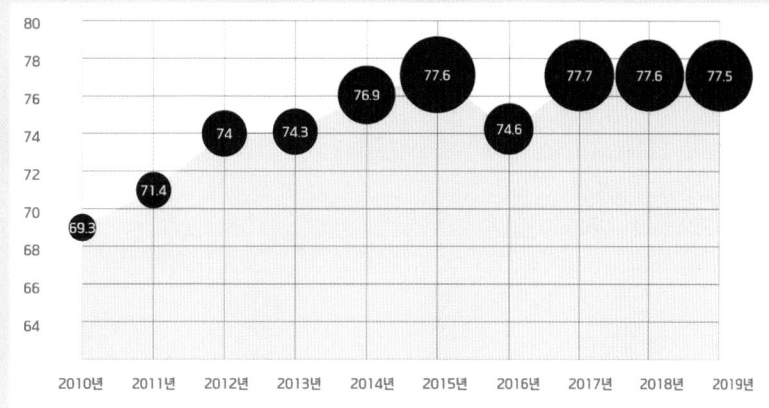

'서울 10인 미만 사업체수' 추이

분석 기간
2010 ~ 2019

분석 소스
통계청

최근 몇 년 동안 공유오피스 시장이 급속도로 성장하고 있다. KT경제경영연구소는 시장 규모가 2017년 기준 600억 원에서 2023년에는 7천 700억 원 수준으로 성장할 것이라고 전망했다. 시장이 커지는 만큼 공급도 늘어났지만 공유오피스 공실률은 3% 미만을 유지하고 있다고 한다. 공유오피스가 꾸준히 인기를 끄는 이유는 바이러스로 인한 재택근무 영향도 있었겠지만 스타트업 창업도 한 몫을 하고 있는 것으로 나타났다. 최근 IT기술을 주력으로 한 스타트업이나 프로젝트성 사업체들의 등장으로 공유 오피스의 인기가 나날이 증가하고 있다고 한다.

STORY >

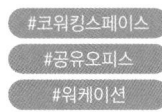
#코워킹스페이스
#공유오피스
#워케이션

강릉의 새로운 물결,
리모트 워커들을 위한 코워킹스페이스

> By. 서해인 객원 에디터

강릉은 관광지다. 안목해변 카페 거리와 초당동 순두부 식당은 줄곧 문전성시를 이룬다. 2018년 평창 동계올림픽이 개최되고 강릉과 서울을 연결하는 KTX 노선이 증설되면서 관광객은 더욱 많아졌다. 그렇다고 해도 강릉이 독보적인 관광지인가에 대해 누군가는 고개를 갸웃할 것이다. 그러나 코로나19를 기점으로 이곳은 누군가에게 가장 쉽게 떠올릴 수 있는 일상 바깥의 장소가 되었다. 2시간이면 바다를 보러 갈 수 있다. 한 손에는 노트북을 들고서.

놀고 일하며 강릉의 라이프스타일 200% 즐기기

업무용 협업툴 잔디의 '재택근무 리포트 2020'에 따르면 재택근무의 가장 큰 단점은 '업무공간과 생활공간의 비분리'(32%)였다. 기존에 호캉스를 통해 잠시간 생활공간으로부터의 해방을 선사하던 도심 숙박시설들은 서둘러 특화상품을 구성했다. 글래드 호텔의 '호텔로 출근해', L7 호텔의 'work & life' 프로모션은 평일 출퇴근 시간에 맞게 호텔에 체크인-체크아웃을 할 수 있는 옵션을 제공했다. 쾌적한 환경에서 일해 보라는 것이었다. 비슷한 시기에 강원도관광재단은 "워케이션은 강원도에서"라는 구호를 적극적으로 홍보했다. 2021년 3월 '강원 워케이션 특화상품'은 출시 두 달 만에 8,238박이 판매되었다. 일하는 동안 쾌적한 환경을 확보하는 것을 넘어서 일하지 않는 시간까지 신경 썼다. 저렴한 숙박 외에도 강원도의 자연경관과 함께 즐길 수 있는 트레킹, 서핑 등의 액티비티 상품이 함께 포함되었다는 점이 구성의 차별점이었다.

2019년, 강원도 강릉의 파도살롱은 "지역에 새로운 물결을"이라는 슬로건을 가진 더 웨이

파도살롱

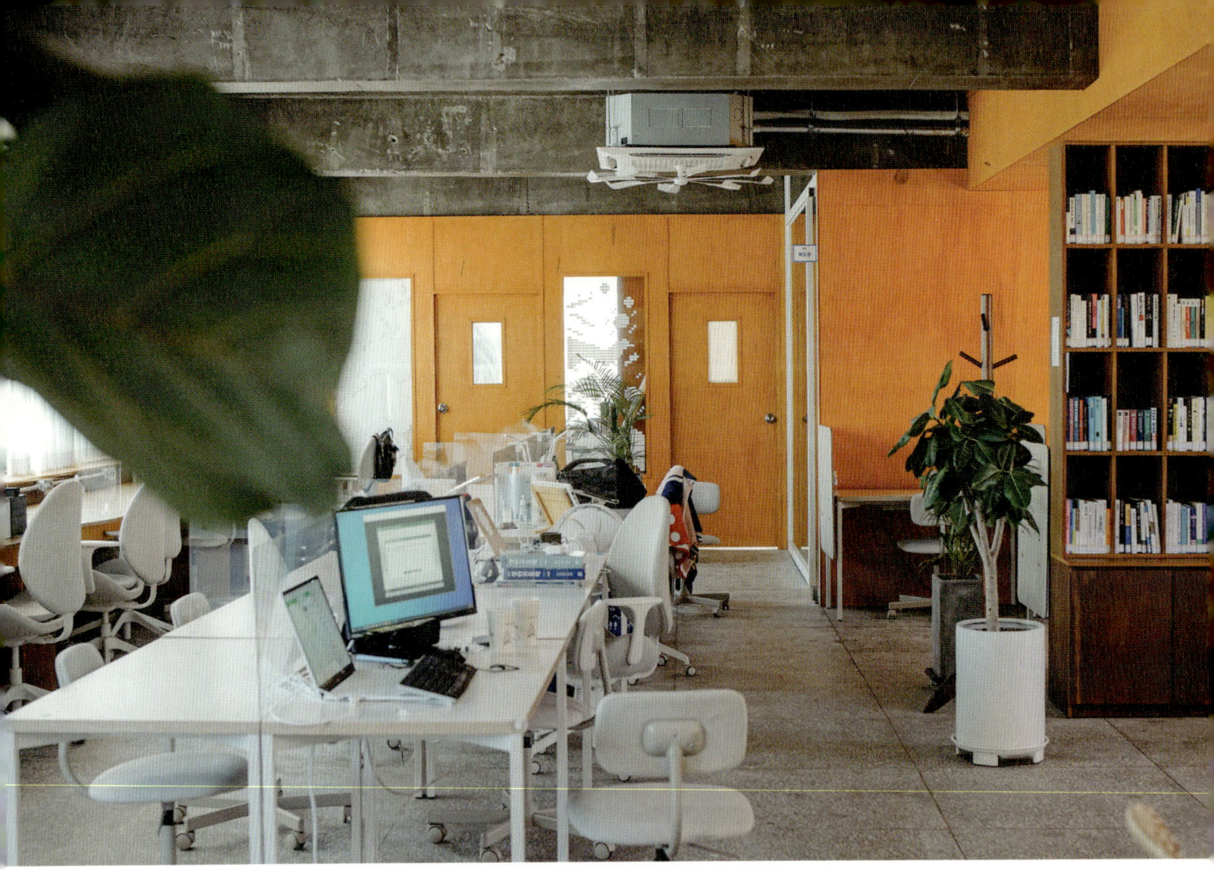

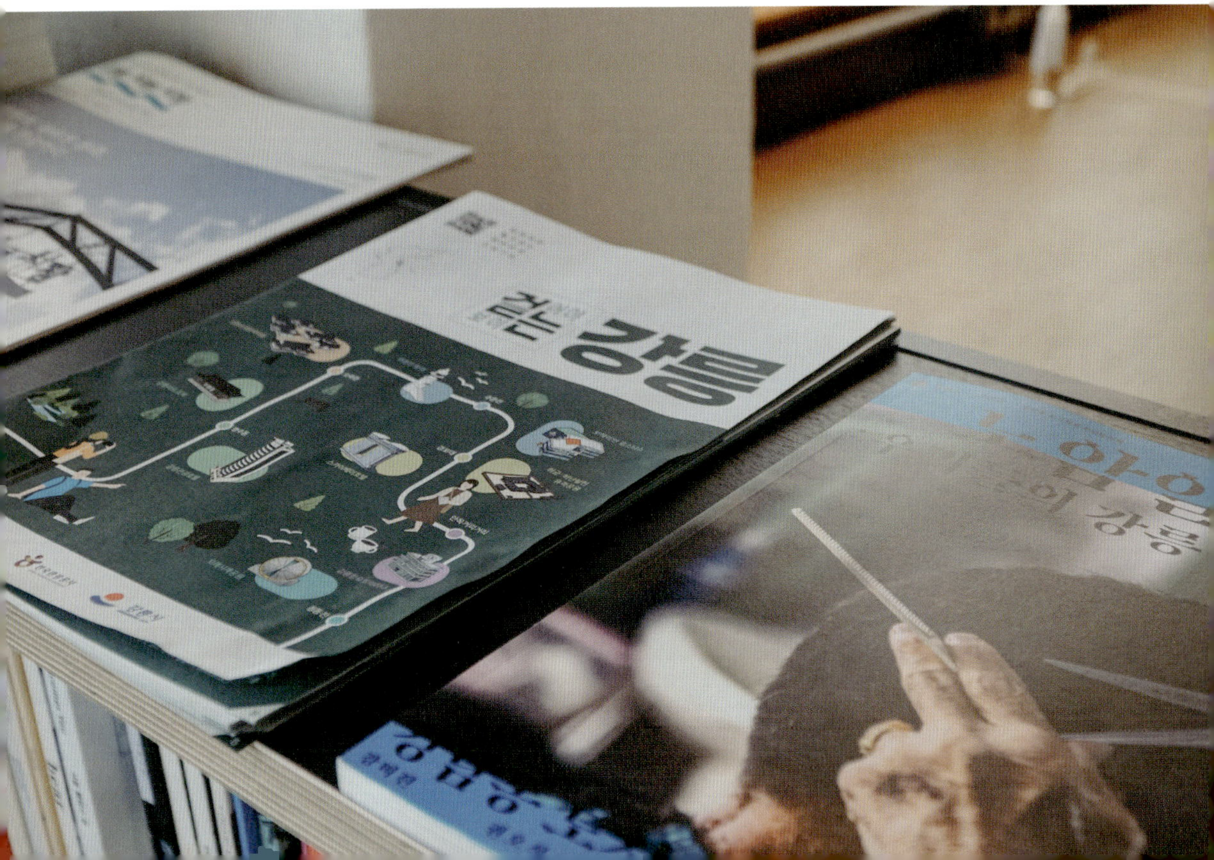
강릉

브 컴퍼니에서 출발했다. 강릉으로 이주한 이와 주민으로 이루어진 세 명의 공동창업자가 공유 오피스를 위한 터를 알아보다가 과거 행정 중심지 역할을 하던 원도심 명주동에 자리를 잡았다. 가장 인접한 바다는 안목해변과 송정해수욕장이다. 일을 마치고 차로 이동할 경우 단 15분이면 바다에 이른다. 이러한 지리적 이점을 활용하여, 일하는 공간을 판매할 뿐 아니라 공간의 앞뒤를 둘러싼 생활과 체험을 위한 캠페인을 지속적으로 진행했다. '오늘은 해변으로 퇴근합니다'(2020)에서는 강릉의 라이프스타일을 경험할 수 있는 해변 피크닉, 명주동 골목 투어 등의 리트릿(Retreat) 프로그램을 제공했다. 또한, 그동안 지속적으로 파트너십을 맺어왔던 3성급 숙소 '호텔 아비오'와 연계한 '일로오션'(2021) 프로그램을 진행했다.

로컬에 대한 애정, 그리고 정체성

파도살롱은 공간 이용객의 비중이 강릉에 터를 잡고 있는 지역 주민 80%, 외지 방문객 20%일 것이라는 예측으로 공간 비즈니스를 시작했다. 후자는 지금까지 계속 이야기해왔던, 강릉에 살지 않는 '리모트 워커', 전자는 이미 강릉에 터를 잡고 살아가는 '로컬 크리에이터'다. 실제 방문객 데이터에서 보이는 비율은 논외로 하더라도, 이러한 접근방식은 파도살롱이 로컬 크리에이터에 가지고 있는 애정을 보여주는 듯하다.

먼저, 커뮤니티 바는 강릉 내 다양한 로스터리에서 공수한 원두를 제공한다. 어느 공간에서든 커피 머신을 쉽게 볼 수 있지만, 파도살롱의 장기 이용객들은 다양한 로컬 원두를 마셔 볼 수 있다. 2000년 초반부터 '보헤미안'과 '테라로사'를 필두로 쌓아 온 커피 도시로서의 역사를 상기시키면서, 새로 생겨나는 로컬 로스터리와 상생할 수 있는 체계를 구축했다.

두 번째로 기획자와 크리에이터를 위한 콘텐츠와 커뮤니티를 제공한다. 국내 OTT 서비스 중 점유율 2위(2021년 11월 기준)를 차지하는 '웨이브(Wavve)'의 캐치프레이즈는 "재미의 파도를 타다."이다. 파도는 뻣뻣함 대신 유연함을, 고여 있는대신 새로워질 여지를 상징한다. 파도 살롱은 지리적으로 바다와 가깝다는 것을 의미하기도 하지만, 동시에 이곳에 모여든 사람들이 유연하게 사고하고 각자가 원하는 결과물을 내기 위해 지식과 정보를 갱신하도록 돕는다. 이를 위해 '파도의 시선' 서가 섹션에 기획자와 크리에이터를 위한 도서들을 주기적으로 큐레이션하는 한편, 이용객들이 진행 중인 프로젝트를 홍보하거나 동료를 구하는 용도로 활용할 수 있는 판서를 배치했다. '오늘은 해변으로 퇴근합니다'나 '일로 오션' 등의 캠페인들이 주로 리모트 워커들을 대상으로 하는 반면, 새로운 프로젝트를 준비하는 로컬 크리에이터 전용 '뉴웨이브 멤버십'을 제공하기도 했다.

마지막으로, 시각적으로 과감한 디테일을 통해 공간의 본질을 보여준다. 직선 대신 파도처럼 굴곡져 있는 디자인으로 특수 제작된 목재 책상들이 창가에 일렬로 놓여 큰 파도를 그리고 있다. 이용객들은 앉은 자리에서 일에 몰두하다가도 유연함이라는 가치를 한 번 더 떠올릴 수 있다. 공간 내부에는 시디즈, 데스커 등 전문 오피스 가구가 비치되어 있어 일의 효율을 높여준다.

일하다가 언제든지 바다를 보러 갈 수 있는 삶을 이야기할 때, 여기에는 얼마간의 낭만이 묻어난다. 그러

나 이러한 선택지를 빛나게 만들어주는 선제조건은 '일이 잘되는 것'이다. 파도살롱은 일과 커뮤니케이션을 위해 꼭 필요한 강릉의 보금자리다.

*잔디 재택근무 리포트 2020

https://blog.jandi.com/ko/2020/05/06/wfh-report-2020/

* '김 대리는 산으로 출근, 바다로 퇴근… '워케이션' 중입니다'

https://www.hani.co.kr/arti/area/gangwon/1018659.html

파도살롱 PADOSALON

DATA >

파도살롱
데이터로 보는 공간

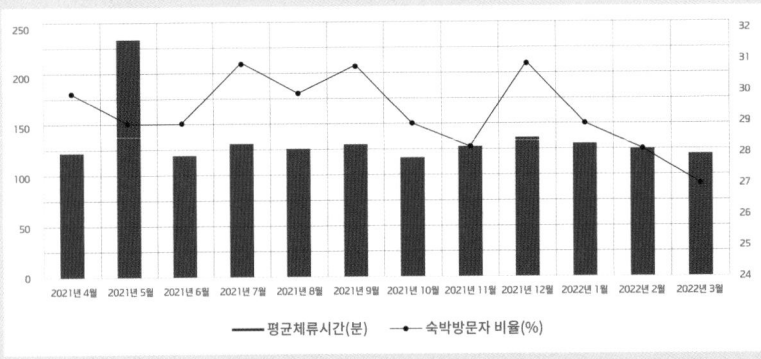

강원도 강릉시 '체류시간 및 숙박방문자 비율'

분석 기간
2021.4 ~ 2022.3

분석 소스
한국관광 데이터랩

한국관광 데이터랩에서는 무박 체류시간과 평균 숙박 일수를 기준으로 관광객의 유형을 체류형/휴식형/경유형/체험형으로 구분하고 있다. 강릉시를 방문하는 관광객들의 유형은 어떨까? 강릉시는 평균 체류시간 202분, 평균 숙박 일수 1.6일로 '경유형'에 해당한다. 보통 체류형 지역은 평균 300분대의 체류시간을, 휴식형 지역은 평균 2일의 숙박 일수를 보인다. 강릉시는 강원도의 다른 관광지역에 비해 체류시간과 숙박 일수가 낮은 편에 속한다. 비교적 하루 안에 즐길 거리들이 많고 빠르게 이동할 수 있는 KTX가 있기 때문으로 보인다.

21년 5월에는 눈에 띄게 체류시간이 높아진 것을 확인할 수 있다. 추측하건대 5월 14일부터 일주일간 개최된 참여형 축제 '릉릉위크' 때문이 아니었을까? 릉릉위크는 강릉·울릉을 배경으로 진행된 공공예술 문화축제다. 전국 각지에서 지역 활성화를 위한 다양한 프로그램들이 운영되고 있으니 국내 여행을 준비할 때는 이런 부분도 염두에 두는 것도 좋겠다.

'로컬크리에이터' 연관어 트리맵

분석 기간
2022.08 ~ 2022.07

분석 소스
Blog, News, Instagram, Twitter

지역의 자연환경이나 문화적 자산을 소재로 다양한 사업적 가치를 창출하는 사람들을 로컬 크리에이터라 칭한다. 창의적이고 혁신적인 아이디어를 많이 가진 청년들이 다양한 지역으로 이동해 새로운 사업에 많이 도전하는데, 파도살롱은 이들을 위한 좋은 커뮤니티 공간 역할을 한다. 지역에서 누군가를 '만나고 싶은' 공간을 만들고 싶어 출발한 파도살롱은 공간 구성 외에도 여러 로컬 크리에이터들과 프로젝트를 진행하며 지역 비즈니스에 힘쓰고 있다.

cociety
코사이어티

A 서울숲 서울 성동구 왕십리로 82-20
   제주 제주 제주시 구좌읍 번영로 2133-50
   판교 경기 성남시 분당구 분당내곡로 131 판교테크원타워 303호
T 서울숲 02-464-0054
   제주 064-782-4994
   판교 031-601-7585
I @cociety_
R 코사이어티 빌리지 숙박 이용 시 코사이어티 홈페이지에서 예약 가능

STORY >

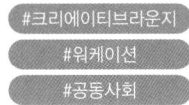

모두가 누군가의 영감이 될 수 있는
크리에이티브 라운지

> By. 서해인 객원 에디터

대개 신문의 '사회면'은 어둡다. 가끔 보는 사람들도 한숨을 쉬게 만든다. 그런데 '공동 사회 면'이라는 게 있다면, 거기에는 어떤 소식들이 담길 수 있을까? '코사이어티(Cociety)'는 우리가 필연적으로 소속된 사회(society)가 아닌, 공동 사회(Co-Society)를 지향하며 출발했다. 2019년 서울숲점, 2021년 제주 빌리지점을 오픈했고, 어느 지역에서든 마음이 맞는 사람들이 모여 유기적으로 움직이며 성장하기를 독려한다.

어떠한 내용이든 담을 수 있는 그릇 같은 공간을 선보이며

코사이어티는 새로운 지점을 소개하기 위해 꾸준히 전시의 방법을 택해왔다. 걸음을 옮기는 가운데 공간이 주는 인상을 쌓아 올릴 수 있도록 하는 것이다. 2019년에는 서울숲점 개관이자 코사이어티의 첫 출발을 기념하면서 디자인 스튜디오 텍스쳐 온 텍스쳐의 〈변화구성(Varying Texture)〉 전시를 개최했다. 원형 또는 직선으로 떨어지는 햇빛과 점잖게 퍼져 나가는 향에 둘러싸이는 시간이었다. 특히 D동은 낮에는 천장에서 빛이 떨어지고, 밤에는 밤하늘을 조용히 올려다볼 수 있는 구조라 좀 더 입체적인 전시를 가능하게 했다.

2021년에는 제주 빌리지점을 개관하며 〈PURE LAND: 바람이 머무는 땅〉 전시를 진행했다. 제주 빌리지점이 있는 송당리는 계보 상으로는 전나무, 산나무 숲이 많은 곳이자, 일만 팔천여 신들의 어머니 여신 '백주또할망'의 신화를 간직하고 있는 곳이기도 하다. 관람객들은 각자의 소원을 적어 넣을 리본과 향을 하나씩 받게 되는데, 바람(wind)과 바람(wish)의 동음이의어를 떠올리게 된다. 각자의 소원을 적은 리본들을 야외에 있는 나무에 매달고 향을 태우는 행위는 영험하게까지 느껴진다. 또한, 제주의 날씨는 변덕스럽다. 타이틀이 보

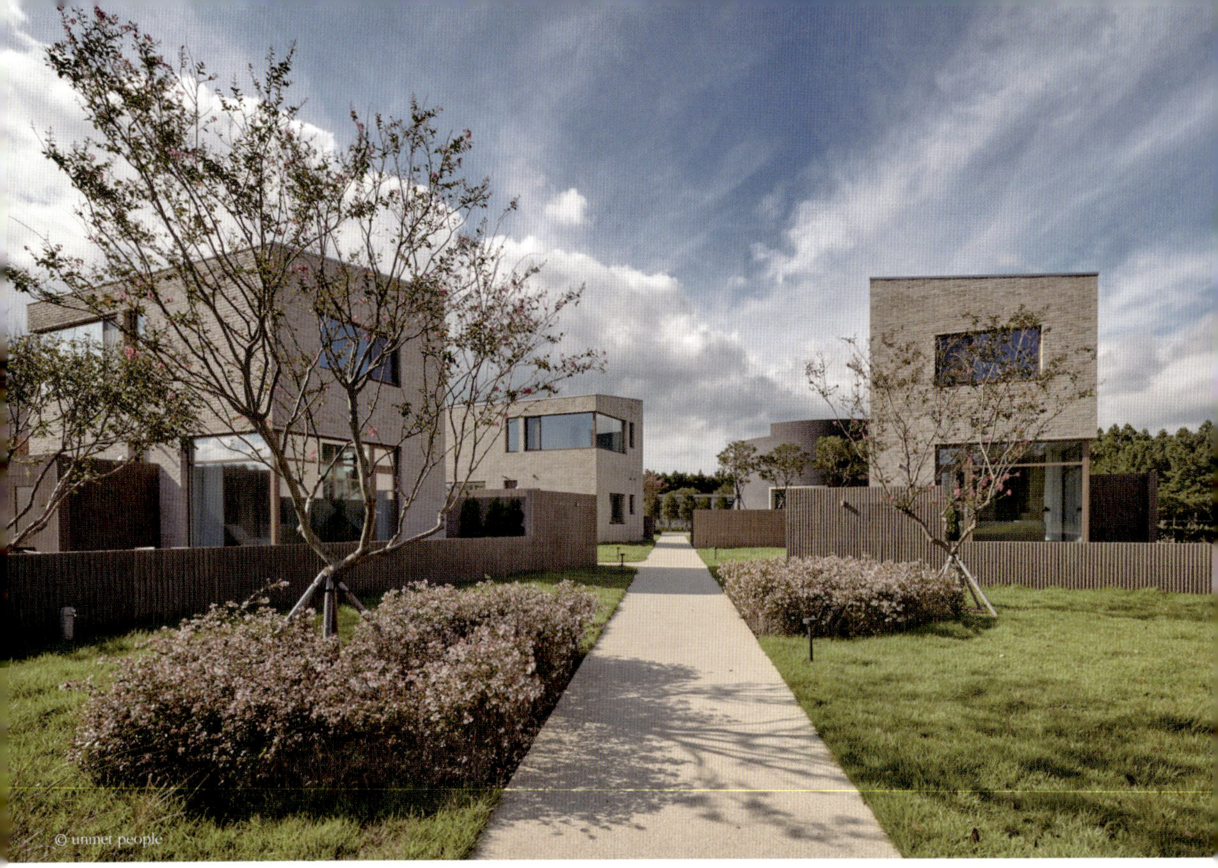

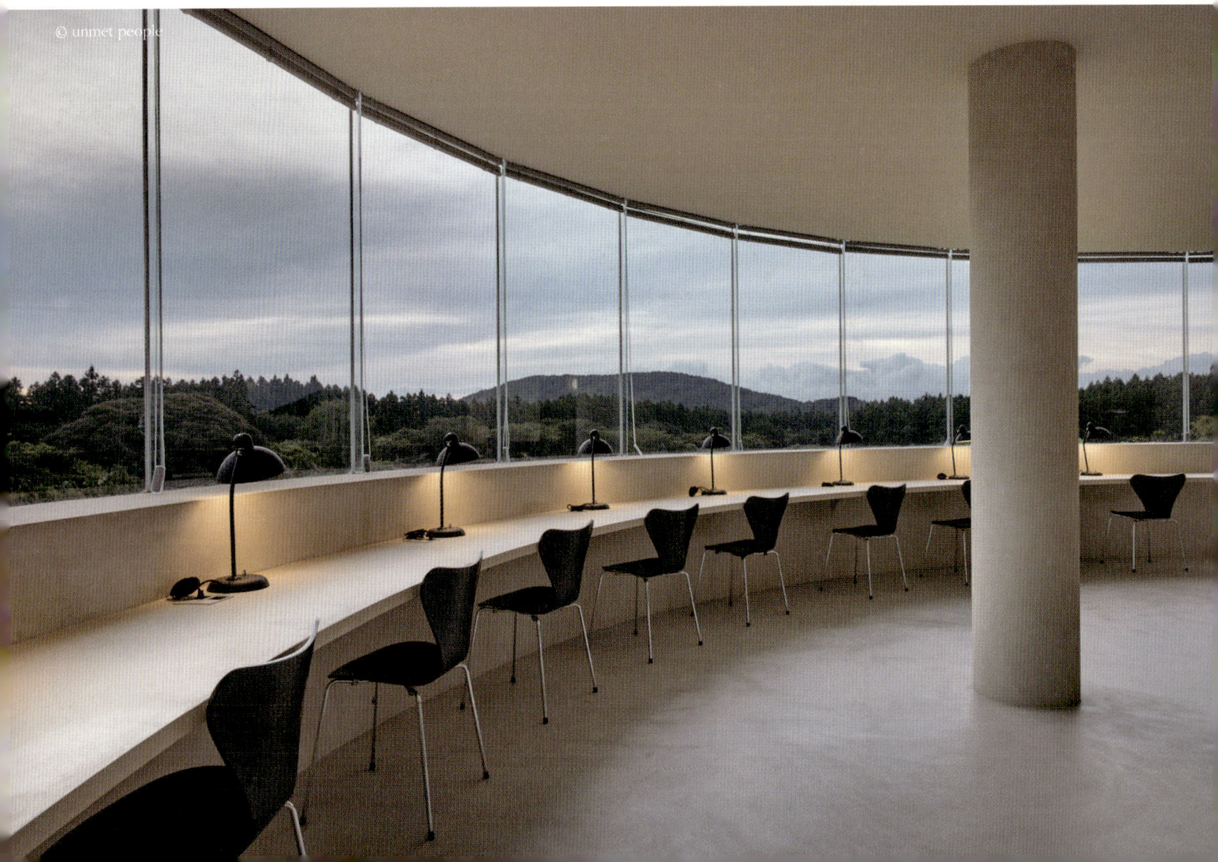

여주듯 이 전시는 비 오는 날, 바람이 많이 부는 날의 야외 전시를 고려했다. 전시의 일부로 개방된 산책로를 자유롭게 걸으면서 제주 빌리지의 규모를 느낄 수 있도록 설계했다.

코사이어티가 준비하는 '전시'라는 수단은 목적과 정확하게 부합한다. 그것은 어떠한 내용(사람, 콘텐츠)이든 담을 수 있는 그릇이 마련되어 있다는 걸 보여주고 있다. 매번의 개관전시는 주최 측에서 힘주어 준비했겠지만, 방문객들은 앞으로 이곳에 자신을 포함해 다른 것이 놓일 수 있는 여지를 상상해보게 된다. 다른 곳이 아닌 이곳에서 새로운 일을 벌일 수 있다는 것. 그것은 코사이어티가 말하는 '영감'에 가까울 것이다.

마음먹고 일하러 가는 '빌리지 제주점'

제주 속담 중에 "두렁청 호게 다울리멍 일호지 말라."라는 말이 있다. 정신없이 급하게 재촉해서 일하지 말라는 뜻이다. 2021년 오픈한 코사이어티 2호점 빌리지제주는 스테이와 레지던스를 겸하고 있다. 먼저, 레지던스는 워크숍, 세미나, 대관행사 등으로 쓰이는 B2B용 공간이다. 전체 부지가 총 6,000평에 달하는 빌리지, 그 중에서도 탁 트이고 개방된 레지던스는 매일 같은 곳에서 일하는 조직 구성원들로 하여금 '코사이어티 빌리지 제주점으로 워크숍 가기'라는 목표를 부추길 정도로 매력적이다. 레지던스는 팀 단위로 생산성과 창의성이 필요한 일을 하도록 만들어졌다.

스테이는 양질의 일과 휴식을 원하는 사람들을 위한 숙박 공간이다. 숙박을 하는 사람들은 코사이어티가 협업한 브랜드의 어메니티를 제공받을 수 있다. 제주 당근 페이스앤바디숍, 제주 화산송이 비누, 제주 유채꽃 샴푸바 등 지역 고유의 특산물을 활용해서 제작했다. (빌리지 제주점의 어메니티는 코사이어티 서울숲점의 굿즈 매대에서도 살펴볼 수 있다.)

무엇보다, 레지던스와 스테이의 공통점은 빨리 해결해야 할 일보다는 집중해서 해야 할 일이 있는 사람들을 위한 곳이라는 데에 있다. 그리고 이 빌리지 바깥을 벗어나지 않더라도 충분히 산책하며 주의를 환기할 수 있도록 널따란 길이 조성되어 있다. 이곳은 머무르는 사람도 하루 이틀 안에 전부 둘러보기 어려울 만큼 거대한 규모인데, 마을에 입장하면서 가장 먼저 보게 되는 것은 돌담을 쌓아 올린 블루보틀 제주점이다. 블루보틀 제주점은 빌리지제주를 정식 오픈하기 전, 개관 전시가 이루어지는 시점에 동시 오픈하며 파트너사로서 시너지를 더했다.

마당이 있는 곳에서의 협업을 꿈꾸는 '서울숲점'

코사이어티를 운영하는 공간 콘텐츠 브랜드 '언맷피플'은 2019년 서울숲점 오픈 이후 몇 번의 피봇(pivot)을 했던 것으로 추정된다. 개관 전시 종료 후 초기 3개월 동안은 멤버십 전용 공간으로만 운영하다가 그 후 일부는 개방하고 또 다른 일부는 멤버십 공간으로 운영하고 있다. 도시 속에서 영감이 필요한 사람들을 찾아오게 하고 모으기 위해 어떤 형태가 적합할지 끊임없이 고민하고 변화하는 듯하다. 최근에는 동료애를 가지고 창의적으로 일하는 방법을 모색하는 에디터 커뮤니티 S.O.E.S(소사이어티 오브 에디터스)의 오프라인 모임이 서울숲점에서 이루어지기도 했다.

이곳은 A동부터 D동까지 총 4개 동으로 구성되어 있고 각각 가구 배치와 구성, 용도가 다르다. 먼저 입장한 B동의 첫인상은 '층고가 높은 카페'구나 싶다가도, 조금 더 살펴보면 라운지에 가깝다는 것을 알 수

있었다. 사람들은 긴 테이블, 라운지 테이블을 점하며 일을 하고, 그 와중에 작은 정원과 비어 있는 D동을 끊임없이 드나든다. 공간 내외부에는 은은한 핀 조명이 설치되어 있어, 해가 지고 난 뒤에 이용하면 더욱 정취를 느낄 수 있다. 이곳은 커피와 책, 정원을 제공하는데 그중 눈에 띄는 요소는 정원이다. 언맷피플은 공간의 필요조건으로 '마당'을 꼽는다. 널따란 숲이 아니어도, 작은 규모의 자연에서라도 몰입하던 일에서 빠져나와 잠시 생각을 환기할 필요가 있기 때문이다. 다양한 요소들이 네 개의 동에 모여 있는 서울숲점은 2019년도에 '골든스케일디자인어워드'를, 2020년에는 '한국 문화공간상'을 수상했다.

'언맷피플'은 생산적으로 일하고 휴식할 수 있는 공간을 전국 각지에 만들고자 한다. 최근에는 판교역 테크원에 약 300평 부지에 달하는 3번째 지점을 오픈하였다. 서울숲점과 제주빌리지점이 프랜차이즈가 아니라 지역과 유동 인구에 맞는 공간과 콘텐츠를 제안하는 것처럼, IT 기반의 일하는 사람들이 모여있는 판교에서의 새로운 코사이어티를 기대한다.

hello friends!

코사이어티

각자 마음이 동하는 부분은 다를 것이다. 개인마다 애호하는 것이나 호/불호는 다양하지만, 그것들이 모이다 보면 크고 작은 흐름이 생기고 그 흐름이 변화를, 그리고 결국에는 그 변화가 트렌드를 만든다. 이 책을 읽는 시간이 우리 주변에 있는 공간들을 다시 한 번 생각하는 기회가 되면 좋겠다. 또한 이 책이 오프라인 공간 비즈니스를 꿈꾸는 분들에게 새로운 도전을 향한 불씨가 되어 앞으로 우리가 탐구할 수 있는 양질의 공간들이 많아지는 선순환을 일으키기를 희망해 본다.

그런데 이 같은 공간의 소비가 코로나로 인해서 없어지게 되었다. (중략) 개인의 입장에서 한 사람이 소비하던 공간은 5분의 1이상 줄어들었다. 나의 공간이 줄어드니 내 권력과 자산이 줄어든 것 같은 느낌이 든다. 더 좁아진 공간에 갇혀 지내다 보니 '코로나 블루'가 찾아왔다. 아이러니하게도 코로나 때문에 공간의 중요성을 더 많이 느끼게 되었다. (344p)"

라며 사람들이 역설적으로 코로나바이러스로 인해 공간의 중요성과 필요성을 절감하고 있다는 이야기를 전했다. 오프라인 공간 경험은 그만큼 우리에게 중요한 의미를 가진다. 그리고 우리 는 생각보다 빈번하게, 그리고 일상적으로 다양한 공간을 경험한다.

하나의 공간이 탄생하는 과정은 결코 간단하지 않다. 오히려 무에서 유를 창조하는 행위에 가깝다. 자본력이 강한 기업과 브랜드의 공간도, 개개인의 작은 공간도 수많은 고민과 계획, 준비가 필요하다. 도전정신과 용기, 피땀눈물과 희생이 요구되기도 한다. 그리고 이렇게 만들어진 공간에는 필연적으로 스토리가 담긴다. 우리는 그 부분에 주목했다. 나름의 기준으로 선정한 공간들이 품은 기획과 브랜딩, 마케팅, 인테리어, 디테일, 콘텐츠에 대한 스토리를 탐구하고, 거기서 길어낸 인사이트를 독자 여러분과 나누고 싶었다.

여러분이 경험하는 공간들이 그저 배경으로 흘러가 버리지 않았으면 좋겠다. 공간을 탐구하고 의미를 발견하고 기록하는 습관을 가지면 경험은 확장되고 일상은 즐겁고 풍부해질 것이다. 이 책을 읽으며 마음을 움직인 공간들이 있었는지 생각해 보면 좋겠다. 그 공간의 어떤 부분이 마음에 드는지, 아쉬운 점은 무엇이었는지, 어떤 디테일이 있었는지, 영화나 책처럼 한줄로 평을 내려본다면 뭐라고 표현하고 싶은지 등의 질문을 던지고, 각자의 답을 찾아보시기 바란다. 객원 에디터들의 원고를 읽으면서 가장 즐거웠던 부분이 바로 '제목 짓기'였다.

마치며

2020년 1월, 코로나바이러스가 COVID-19라는 정식 명칭을 획득하고 전 세계를 혼란에 빠트린 지도 벌써 3년 4개월이 넘어간다. 여전히 확진자가 발생하고 있기는 하지만, 우리는 빠르게 일상을 회복하고 있다. 이제 공공장소 및 대중교통에서의 마스크 착용 의무도 해제되어 서로의 완전한 얼굴을 마주할 수 있게 되었다.

코로나가 한창이던 겨울, 우연히 명동에 방문했다가 공실들이 늘어나다 못해 거리 전체가 텅 빈 모습을 보고 적잖이 충격을 받은 기억이 생생하다. 한국부동산원 조사 결과에 따르면 2022년 1, 2분기 기준 명동의 중대형 상가 공실률은 무려 40.9%에 달한다고 한다. 불과 3년이 채 되지 않는 시간 동안 코로나19는 전 세계의 오프라인 산업에 직격탄을 날렸지만, 그 기세는 오래가지 못했다. 이제는 다시 관광객들과 방문객들로 북적이는 명동 거리를 만날 수 있다. 아직 온전히 회복하지 못해 곳곳에 공실은 많이 남아있지만, 이런 기세라면 다시 옛날의 모습을 되찾는 데 오랜 시간이 걸리지 않을 것 같다는 낙관적인 전망을 해본다.

낙관의 바탕에는 직접 목도한 오프라인의 위력이 있다. 조금씩 일상을 회복함과 동시에 다양한 오프라인 공간들이 뜨겁게, 열렬하게 사랑받고 있기 때문이다. 하루가 멀다 하고 새로운 공간들이 생겨나고, 몇 시간씩 줄을 서야만 경험할 수 있는 공간들이 늘어나고 있다. 아마 여러분 머릿속에도 스쳐 지나가는 공간들이 분명 있을 것이다. 각종 팝업스토어 열풍도 대단하다.

도시와 건축, 공간으로 세상을 이야기하는 유현준 건축가는 2021년 출간한 그의 저서『공간의 미래 - 코로나가 가속화시킨 공간 변화, 을유문화사, 2021』에서 "인류 문명의 역사는 시공간 확장의 역사다. (중략) 현대인 한 명의 공간은 사는 집 외에도 이용하는 각종 카페, 레스토랑, 영화관, 미술관, 경기장, 공연장, 여행지 등으로 구성된다. 역사상 최대의 크기다.

과거 '워케이션' 연관어 트리맵

분석 기간
2020.08 ~ 2021.07

분석 소스
Blog, News, Instagram, Twitter

현재 '워케이션' 연관어 트리맵

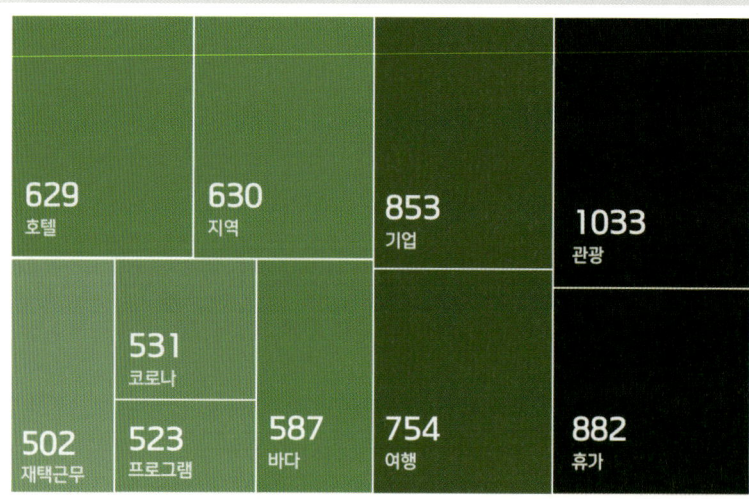

분석 기간
2021.08 ~ 2022.07

분석 소스
Blog, News, Instagram, Twitter

집무실 대표 인터뷰에 "2021년은 워케이션 개념이 본격적으로 생겨나고 있는 시점"이라는 언급이 있다. 워케이션이 본격적으로 활성화되기 시작한 20~21년과 21~22년의 '워케이션' 연관어를 비교해보았다. 1년 사이에 '워케이션'의 검색량은 급격하게 증가했다. 전과 비교하여 눈에 띄게 떠오른 연관어는 '지역', '기업', '프로그램'이다. 이런 연관어가 등장한 것은 기업과 정부가 '워케이션'을 주목하는 것이 배경인 듯하다. 한국관광공사는 전국 8개 지역에 '워케이션' 시범 사업을 추진할 예정이라고 밝혔고, 각 분야의 다양한 기업에서도 워케이션 제도를 도입하고 있다. 재택근무 활성화, '워라밸'을 중요시하는 MZ세대의 특성, 그리고 지역경제 활성화를 위한 노력이 맞물리면서 워케이션 시장은 더욱 확대될 전망이다.

DATA >

코사이어티
데이터로 보는 공간

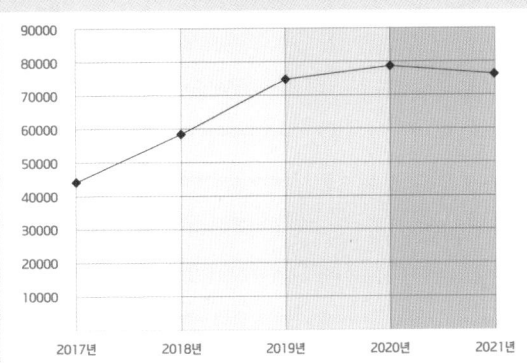

'크리에이터' 검색량

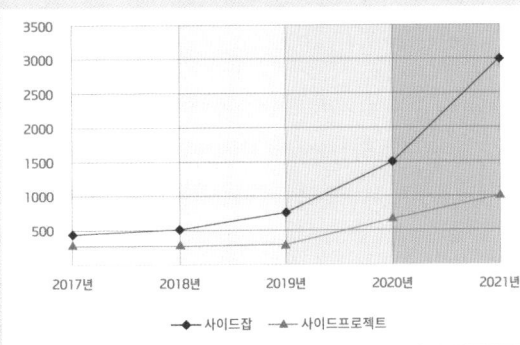

'사이드잡' &'사이드프로젝트' 검색량

분석 기간
2017.01 ~ 2021.12

분석 소스
Blog, News, Twitter

바야흐로 부정할 수 없는 영감의 시대이다. 요즘 사람들의 '일'에는 영감이 빠질 수 없다. 최근 5년간 '크리에이터' 검색량이 상승세를 타고 있는 것만 봐도 알 수 있다. 또한 본업 이외에 자신이 하고 싶은 일을 실행하는 '사이드프로젝트'와 '사이드잡'을 향한 관심도 급격하게 늘고 있다. 코사이어티는 이런 사회적 흐름에 맞춰 '당신의 영감이 되는 곳'이라는 카피를 내세워 공간을 운영하고 있다. 창의적인 생각을 자유롭게 나눌 수 있는 공간, 앞으로 우리는 점점 더 코사이어티 같은 공간을 필요로 하고 찾아가지 않을까?